죽음을 넘는
신앙의 다섯 걸음

죽음을 넘는 신앙의 다섯 걸음
Copyright ⓒ 새세대 2025

초판 발행	2025년 7월 21일
지은이	박인조
펴낸곳	도서출판 새세대
발행인	곽요셉
편집 및 디자인	주식회사 유케이애드
이메일	newgenbook@daum.net
홈페이지	www.newgenacademy.org
출판등록	2009년 12월 18일 제20009-000055호
주소	경기도 성남시 분당구 정자동 210-1
전화	031)713-9191 팩스 031)714-9064

이 출판물은 저작권법에 의해 보호를 받는 저작물이므로
무단 전제와 무단 복제를 할 수 없습니다.

ISBN 979-11-88604-18-0 (03230)

잘못된 책은 구입처에서 교환해 드립니다.
책값은 뒤표지에 있습니다.

죽음을 넘는
신앙의 다섯 걸음

도서
출판 **새세대**

CONTENTS

들어가는 말
성숙한 신앙을 향한 여정   6

01 첫 번째 걸음
'혼합'에서 '구별'로

1. 그리스도인의 장례는 세상과 무엇이 다른가?   12
2. 복음으로 세워진 구별된 안식처   23

02 두 번째 걸음
'두려움'에서 '영성'으로

3. 죽음의 두려움, 신앙은 어떻게 이겨내는가?   34
4. 부활 신앙과 천국 소망으로 충만한 영성   46

03 세 번째 걸음
'분리'에서 '통합'으로

5. 신앙은 왜 삶과 죽음을 아울러야 하는가? 60
6. 일상에서 영원을 품고 사는 그리스도인 70

04 네 번째 걸음
'외면'에서 '교제'로

7. 진정한 신앙 공동체는 어떻게 경험하는가? 80
8. 세대와 세대를 잇는 신앙의 유산 90

05 다섯 번째 걸음
'단절'에서 '나눔'으로

9. 그리스도인은 세상과 무엇을 나눌 것인가? 102
10. 공유하고 연합하는 그리스도인의 삶 110

나가는 말
지금 여기, 천국의 신비 116

주 122

> 들어가는 말

성숙한 신앙을
향한 여정

    인간은 삶의 여정에서 다양한 형태의 죽음을 마주합니다. 일반적으로 '죽음'이라고 하면 호흡과 심장의 정지, 동공확대와 같은 생물학적 징후를 통해 판별되는 물리적인 종말을 의미합니다. 그러나 죽음은 단일한 개념이 아닙니다. 의사가 한 개인의 사망을 공식적으로

판정하는 '법적 죽음', 인체의 세포가 회복 불가능한 상태에 이르는 '의학적 죽음', 생명은 유지되지만 인간으로서 사회적 기능을 완전히 상실한 '사회적 죽음' 등 다양한 관점이 존재합니다.

현대사회는 죽음을 대하는 방식에 큰 변화를 가져왔습니다. 의료기술과 생명공학의 눈부신 발전은 임종 과정과 장례문화에도 지대한 영향을 미쳤습니다. 노화와 죽음에 대해 보다 적극적으로 대응하게 되면서, 인간은 이제 노화를 지연시키고 생명을 인위적으로 연장하는 일이 가능한 시대를 살고 있습니다. 칼리코(Calico, California Life Company)와 같은 기업들은 인간의 수명을 획기적으로 늘리는 것을 목표로 설립되었고, 20세기 후반부터는 죽음을 극복하여 인간의 생명을 영원으로까지 연장하여 불멸을 추구하려는 움직임이 본격화되었습니다. 이와 같은 시도들은 인간 신체의 철저한 분석을 통해 죽음의 원인을 제거하고, 죽음을 유예하거나 부정하려는 것입니다.

이러한 흐름은 '죽음의 정의'에 대한 재고를 요구하고 있습니다. 나아가 '죽을 권리는 누구에게 있는가'라는 윤리적·법적 논쟁을 불러일으키며, 죽음(death)과 죽어감(dying)의 문제를 더욱 복잡하고 난해하게 만들었습니다. 아이러니하게도 인류의 오랜 소망이었던 '장수'는 이제 일부에게는 짐이 되기도 합니다. 고령사회에서 경제적, 사회적 부담으로 인식되며 장수를 축복이 아닌 재앙으로 바라보는 시각까지 나타나고 있습니다.

모든 인간이 맞이하는 죽음은 단순한 생물학적 종결이 아닙니다. 특히 그리스도인에게 있어 죽음은 새로운 삶의 시작이며, 하나님의 품으로 돌아가는 안식의 여정입니다. 이러한 관점에서 천국을 소망하는 그리스도인의 안식처인 에덴낙원은 특별한 의미를 갖습니다. 에덴낙원은 단순한 장사시설이 아니라, 삶과 죽음, 현재와 미래, 그리고 천국의 소망이 함께 공존하는 복음적 공간입니다. 이곳은 그리스도인의 죽음을 성경적으로 이해하도록 돕고, 죽음을 대하는 태도를 신앙의 관점에서 변화시키는 구별된 장소로서의 역할을 합니다. 신앙의 눈으로 삶과 죽음을 재해석하는 성찰의 시간을 제공하며, 성령의 인도하심 가운데 죽음을 넘는 성숙한 신앙을 지향하게 합니다.

본서는 기독교교육 학자 마리아 해리스(Maria Harris)가 제시한 교육과정으로서의 다섯 가지 교회 활동, 즉 말씀 선포인 '케리그마(Kerygma)', 기도의 '레이투르기아(Leiturgia)', 가르침의 '디다케(Didache)', 공동체의 '코이노니아(Koinonia)', 봉사의 '디아코니아(Diakonia)'에서 도출한 다섯 가지 핵심 키워드 '구별', '영성', '통합', '교제', '나눔'을 통해 성숙한 신앙생활로 안내합니다. 그리고 에덴낙원이라는 구체적인 사례를 통해 이러한 신앙적 성찰을 실제적인 경험으로 연결합니다. 그리스도인의 구별된 죽음이 보여주는 깊은 영성, 죽음을 넘어선 새로운 삶의 시작, 그리고 하나님이 약속하신 영원한 생명의 소망을 발견하게 될 것입니다.

첫 번째 걸음

01

'혼합'에서 '구별'로

1 그리스도인의 장례는 세상과 무엇이 다른가?

한국사회에는 오랜 세월 풍수지리설의 영향으로 '명당(明堂)'에 묘지를 쓰면 자손이 부귀영화를 누릴 수 있다는 믿음이 전해져 내려옵니다. 이는 문화적 전통이면서, 동시에 살아서는 좋은 환경에서 살고 죽어서는 자손에게 복을 물려주기를 바라는 인간의 본능적 바람이 담긴 세계관의 표현입니다. 이러한 죽음에 대한 이해는 더 많은 것을 소유하려는 인간의 욕망과 언제 당할지 모르는 불확실한 죽음에 대한 두려움이 결합된 산물이라고 할 수 있습니다.

역사적으로 무덤은 권력과 위세를 상징하는 도구로도 사용되었습니다. 중국 최초의 통일 황제인 진시황의 무덤인 진시황릉이나, 고대 이집트 파라오의 무덤인 피라미드 등은 죽은 이후에도 현세의 권력을 내세에서 유지하려는 시도였습니다. 오늘날에도 이러한 관념은 다양한 형태로 지속되어, 후손의 번영을 바라는 심리와 나쁜 일이 생길지 모른다는 불안감을 이용해 죽음을 상업화하거나 특정 집단의 결속 수단으로 삼는 사례가 존재합니다.

전통적인 장례예식-고인의 시신을 수습하고, 상가(喪家)를 마련해 조문객을 맞고, 시신을 운구해 장지에 모시고, 추모 행사로 이어지는 일련의 과정-에는 깊은 문화적 의미가 담겨 있습니다. 이는 고인의 영혼이 알 수 없는 곳으로 안전하게 떠나길 바라는 무속적인 바람, 유가족의 상실감을 수용하며 심리적 안정감을 주는 사회적 기능을 수행합니다. 또한 죽은 이가 더 이상 이 세상에 없다는 현실을 확인하며, 산 자와 죽은 자의 관계를 새롭게 정립하는 역할도 합니다. 한국의 전통 장례문화에는 어려움에 처한 이웃을 돌보는 상부상조의 덕목도 담겨 있습니다. 동시에 자연숭배 사상으로서의 무교(巫敎), 조상신 숭배와 제사의식을 통해 불멸을 추구하는 유교, 업보와 윤회사상을 바탕으로 하는 불교의 무신론적이고 범신론적인 요소가 혼합되어

나타납니다.

그런데 이러한 요소들이 그리스도인의 장례문화에 여전히 무비판적으로 작용하고 있다는 점은 심각한 문제입니다. 그 결과, 그리스도인의 죽음과 장례가 신앙적 의미 없이 세상의 관습을 답습하거나, 심지어는 여러 종교가 혼합된 형태로 진행되고 있습니다. 이로 인해 죽음을 통해 복음을 증거하고 선포하려는 신앙적 의미가 희미해지고 있습니다. 무분별하게 세상을 따라가다 보니 장례예식에는 물론, 장묘문화에 있어서도 성경적인 대안이나 신학적 모델을 제시하지 못하고 있는 현실입니다.

구별된 신앙의 구심점, 카타콤

성경은 인간이 "하나님의 형상대로" 창조되었음을 선언합니다(창 1:27). 이는 인간에게 고유한 존엄성과 가치를 부여하며, 다른 피조물과 구별되는 독특한 위치를 갖게 합니다. 이러한 구별됨은 삶의 순간뿐 아니라, 죽음의 순간에도 적용됩니다. 그리스도인에게 있어 죽음은 생물학적 종말만이 아니라, 부활의 소망과 영원한 생명의 시작점입니다. 그래서 그리스도인의 삶과 죽음은 세상과의 '혼합' 또는 '분리'가 아니라, 하나님의 뜻에 따르는 '구별'로 이해해야 합니다.

초대교회의 카타콤(Catacomb)은 이러한 구별된 죽음의 대표적인 예입니다. 로마 시대 그리스도인의 지하 묘지였던 카타콤은 단순한 무덤이 아니라, 신앙의 공동체를 위한 공간이면서 부활의 소망이 살아있는 예배처소였습니다. 기독교 박해시기에 카타콤은 신앙의 구심점 역할을 했습니다. 그리스도인들은 죽은 형제자매의 시신을 이곳에 정성껏 모셨고, 신앙 공동체 안에서 생과 사를 함께 나누었습니다. 삶과 죽음을 함께 하는 친밀한 공동체를 형성하면서 죽음마저도 신앙 여정의 하나로 이해했습니다. 여기서 그리스도인은 부활을 기다리며, 신앙 안에서 죽음을 새로운 삶으로 옮겨가는 과정으로 받아들였습니다.

이처럼 하나님의 자녀로서 죽음의 위협 앞에서 복음을 위해 기꺼이 목숨을 내어놓으며 그리스도의 군사로 하나님이 주신 사명에 온전히 헌신할 수 있었던 것은 카타콤에서의 경험 때문이었습니다. 끝없는 고난 속에서도 끝까지 인내하며 믿음의 경주를 다할 수 있었던 것도 현재의 삶과 죽은 이후 천국에서의 날들을 하나로 보았기 때문입니다. 몸이 죽지만 다시 부활할 것에 대한 소망은 그리스도인에게 죽음을 넘는 용기와 영생에 대한 확신을 주었습니다. 그래서 카타콤은 부활을 소망하는 성도들의 참된 안식처였습니다.

이후 중세 시대를 거치며 교회 지하에 고위 성직자의 묘지를 두는 가톨릭의 전통이 생겨났고, 이곳은 점차 특권층만의 공간으로 변질되었습니다. 천국 소망과 그리스도의 몸 된 교회의 지체라는 정체성이 희미해지면서, 결국 일부 사람들만을 위한 차별된 공간으로 전락했습니다. 반면 초대교회 카타콤은 모든 그리스도인을 위한 예배당이자, 묘지였습니다. 그들은 죽음을 멀리하거나 배척과 부정의 대상으로 보지 않았고, 부활 소망의 복음 안에서 이해했습니다. 죽음조차도 정복할 수 있는 용기와 믿음으로 수많은 박해 속에서도 신앙을 지켰습니다. 이것이 그리스도인의 묘지가 추모 공간을 넘어, 구별된 신앙의 공간으로 자리 잡아야 하는 이유입니다.

그리스도인으로서 구별된 죽음

그리스도인의 죽음이 구별되는 근본적인 이유는 예수 그리스도의 십자가와 부활 사건에 있습니다. 기독교 신앙의 핵심은 예수 그리스도입니다. 그리스도인의 삶은 "길과 진리와 생명"이신 예수 그리스도를 통해 복음 안에서 죽음의 문제를 해결하고 구원에 이릅니다. 요한복음 14장 6절에서 예수님은 "내가 곧 길이요 진리요 생명이니 나로 말미암지 않고는 아버지께로 올 자가 없느니라"고 말씀하셨습니다. 예수님은 죽음조차도 생명의 길로 바꾸시는 분이십니다. 우리를 위해 죽으셨는데, 그 죽음은 육신의 종말이 아니라, 하나님이 인류를 구원하시기 위해 맡기신 사명의 완수였습니다. 그래서 이제 예수 그리스도와 하나가 된 그리스도인은 세상의 죽음과는 구별된 죽음으로, 삶의 종결이 아닌 새로운 삶의 시작과 영생으로 나아가게 됩니다.

구약성경에서 죽음은 단절이나 종말로만 묘사되지

않습니다. 이스라엘 사람들은 "열조에게로 돌아간다"(창 25:8, 35:29), "조상들과 함께 눕는다"(창 47:30; 신 31:16; 왕상 2:10; 대하 26:23 등), "조상들과 함께 잔다"(왕상 11:43, 14:20, 31; 왕하 8:24 등)와 같은 표현으로 삶과 죽음의 연속성을 강조하며 하나님의 백성으로서의 정체성을 증언했습니다. 아브라함과 야곱, 요셉의 장례 이야기에서 공통적으로 나타나는 것은 자신의 시신을 가나안 땅에 묻어달라는 유언입니다. 이는 하나님의 언약을 신뢰하고, 죽은 이후에도 하나님과 계속된 관계 속에 있음을 믿는 하나님의 백성으로서의 정체성에 대한 신앙 고백이었습니다.

아브라함은 아내 사라가 약속의 땅 가나안에서 향년 127세로 세상을 떠났을 때, 매장지를 얻기 위해 가나안의 헷 족속을 찾아가 충분한 대가를 주고 막벨라 굴을 얻습니다(창 23:7-9). 그 당시 사람들은 죽으면 고향에 묻혀야 한다는 생각을 갖고 있었지만, 아브라함은 아내를 자신의 고향인 갈대아 우르가 아닌 가나안 땅에 묻었습니다. 이곳을 하나님이 약속하신 본향으로 여겼기 때문입니다. 그래서 고향인 갈대아 우르가 아닌 가나안에 아내를 매장했던 것입니다. 훗날 아브라함도 자신의 시신을 동일한 장소에 매장하게 한 것은 하나님의 약속을 온전히 신뢰하는 믿음의 표현이며, 후손이 그곳으로 돌아올 기반을 마련해 놓기 위함이었습니다.

그리고 장례예식이 진행될 때, 이스라엘 사람들뿐만 아니라 애굽 사람들과 이방인들도 지켜보았습니다. 이때 이스라엘 사람들은 이방인 중에서 여호와 하나님으로 인해 내가 누구인지를 고백하며 깊은 연대를 경험했습니다. 그리고 그것은 이스라엘 백성이 세상과 역사를 바라보는 세계관의 근간을 이루었습니다. 온 세상을 다스리시는 하나님, 하나님의 주권적인 역사 속에 있는 삶과 죽음, 죽음 이후의 세상도 주관하시는 하나님의 백성으로 살아가게 했습니다.

예수님의 장례 역시 구별되었습니다. 예수님은 초라한 말구유에서 태어나 십자가에서 죽으셨지만, 그분의 시신은 부자 아리마대 요셉의 새 무덤에 구별되어 안치되었습니다. 복음서는 예수님의 무덤을 준비한 아리마대 요셉을 "부자"(마 27:57), "예수님의 제자"(요 19:38), "존경받는 공회원이요 하나님의 나라를 기다리는 자"(막 15:43), "그들의 결의와 행사에 찬성하지 아니한 자"(눅 23:51)로 묘사합니다. 이는 예수님의 무덤이 아리마대 요셉에 의해 구별되었음을 강조합니다. 또한 "죽은 후에 무덤이 부자들과 함께 되리라"는 이사야의 예언(사 53:9)을 성취하는 사건이었습니다. 예수님의 죽음이 하나님의 뜻에 따른 구별된 죽음이라는 것을 보여주는 중요한 표지입니다.

삼일 후에 부활하신 예수님은 다시 오실 것을 약속하시며 승천하셨습니다. 인류를 죄에서 구원하신 예수님은 영광의 몸을 입고 부활하시고 승천하심으로 만왕의 왕이심을 보여주셨습니다. 그리스도인은 이 복음의 역사가 성취된 것을 확신하기에, 하늘에 있는 더 나은 본향을 사모하며 이 땅에서는 순례자로 살아갑니다. "땅에 있는 장막 집이 무너지면 하늘에 있는 영원한 집에 들게 된다"(고후 5:1)는 말씀처럼, 예수 그리스도 안에서 죽음은 하늘 본향을 향한 순례자의 마지막 걸음입니다. 이것이 예수 그리스도와 한 몸 된 그리스도인의 죽음이 구별되어야 하는 이유입니다.

현대 장례문화의 도전과 과제

오늘날의 장례문화는 죽음의 두려움, 기복적인 세계관, 유교적 제사 의식 등의 영향 아래 있습니다. 여기에는 죽은 사람이 산 사람의 삶에 영향을 미친다는 관념이 존재하며, 죽음에 대한 성경적 이해를 흐리게 합니다. 장례문화에는 시대와 지역, 문화가 반영된 세계관이 드러나는데, 안타깝게도 교회 안에서조차 성경의 가르침에 맞지 않는 혼합 종교적 장례문화가 나타나고 있습니다. 장례예식에 있어서도 그리스도인으로서의 정체성을 잃고 세상의 방식을 따라가는 현실입니다.

또한 장례예식이 형식적인 의례로 전락하면서 신앙 공동체로서의 의미와 부활의 소망을 드러내지 못하고 있습니다. 장례예식을 통해 신앙을 함께 고백하고, 죽음과 부활의 의미를 확증할 기회를 놓치는 것입니다. 공동체적 돌봄을 경험하고, 세상에 예수 그리스도의 생명을 증언할 소중한 기회를 잃고 있습니다. 이는 성경적 죽음 이해가 제대로 정립되지 못했기 때문입니다. 그래서 예수 그리스도 안에서 허락된 새로운 삶의 시작이라는 구별된 성도의 죽음이 훼손되고 있는 것입니다. 죽음의 두려움을 다루는 성경적이고 신앙적인 방식은 축소되거나 삭제되었고, 교회는 세상의 방식을 따라가기에 급급한 실정입니다. 교회가 임종과 장례예식의 현장에서 예수 그리스도의 죽으심과 부활을 선포하며, 죽음과 삶에 대한 통합된 통찰과 신앙적 의미를 가지고 성경적인 대안과 모델을 제시하지 못하고 있습니다.

죽음을 어둡고 두려운 현실이 아닌, 밝은 소망의 현장으로 변화시키는 것이 바로 천국을 준비하는 그리스도인의 삶이며 소명입니다. 그 첫걸음은 그리스도인의 구별된 죽음에 대한 성경적 이해에서 시작됩니다. 오늘날의 장례문화를 바라보는 관점과 참여하는 행동들이 혼합된 관습과 세상의 형식에서 벗어나서 하나님의 말씀에 기초한 분별력 위에 세워져야 합니다. 삶에서만 아니라 죽음 앞에서도 세상과 구별된 그리스도인의 정체성을 회복할 때, 영생의 복음과 천국의 소망을 세상에 온전히 드러낼 수 있습니다.

2. 복음으로 세워진 구별된 안식처

에덴낙원 메모리얼 리조트(Eden Paradise Memorial Resort, 이하 '에덴낙원')[1] 는 2016년 5월, 경기도 이천시 서이천로에 세워진 복합 장사(葬事)시설입니다. 약 1만 평(3만 3천㎡) 규모의 부지에 교회, 봉안당과 자연장 시설, 호텔, 레스토랑과 티하우스, 정원 등을 갖추었습니다. 이 모든 공간은 단일한 복음적 메시지를 공유합니다. 그것은 예수 그리스도 안에서 죽음이 끝이 아닌, 새로운 시작이라는 진리를 선포하는 것입니다.

교회 중심의 구별된 장례문화

에덴낙원의 신학적 중심에는 '부활교회'가 있습니다. 이곳은 단순한 예배당이 아닙니다. 고인의 죽음을 천국의 소망 안에서 이해하고, 신앙 공동체가 함께 기억하는 구별된 공간입니다. 부활교회는 하나님의 부름을 받은 후에도 주님의 몸 된 교회와 영원히 함께한다는 메시지를 가시적으로 구현합니다. 에덴낙원에서 고인을 교회 안에 모시는 방식은 그리스도인의 죽음이 삶과의 단절이 아닌 연속성을 가지며, 그 정체성이 교회 안에서 영원히 유지됨을 상징적으로 보여줍니다. 이는 국가를 위해 목숨을 바쳐 헌신한 군인을 현충원에 안장하여 여전히 국가의 한 일원임을 증명하고, 다음 세대에게 국가의 소중함과 국가에 충성해야 하는 이유와 가치를 전달하는 것과 같습니다.

에덴낙원은 단순한 장묘시설이 아닙니다. 그리스도인의 정체성은 예수 그리스도 안에서 하나님의 은혜로 이루어진 거듭남에 있고, 거듭난 그리스도인에게 죽음은 끝이 아닌 천국으로 가는 새로운 시작입니다. 그래서 에덴낙원은 삶의 가장 어두운 영역인 죽음의 공간을 밝고 소망이 넘치는 공간으로 변화시켜야 한다는 메시지를 전합니다. 고인을 추모하는 장묘의 공간으로만이 아니라, 천국을 생각하며 종말론적 신앙을 회복하고 천국에 대한 소망으로 구별된 삶을 살도록 도전하는 곳입니다. 연세대 상담코칭학과 권수영 교수는 에덴낙원에서 특정 성직뿐 아니라, 하나님의 백성이라면 누구나 부활교회 아래에 안식의 자리를 마련할 수 있다는 점은 세계적으로도 찾아보기 힘든 새로운 장례문화의 시작이라고 평가합니다.

에덴낙원에서의 장례예식은 교회에서 하나님께 예배드리는 것으로부터 시작합니다. 장례의 첫걸음이 이곳에서 드려지는 예배로 시작된다는 점에서, 에덴낙원은 죽음과 신앙, 그리스도인 공동체를 하나로 엮는 복음적 장례문화의 새로운 모델을 제시합니다. 장례 과정에서 유교적·무속적 요소를 배제하고, 목회자가 예식을 인도하면서 그리스도인의 장례가 성경적 죽음이해를 따라 성도의 구별성이라는 정체성을 회복하는 신앙고백의 현장이 되도록 합니다. 특히 부활교회 앞의 '부활소망가든'은 고인을 자연장으로 모시는 공간으로, 고인을 모시는 시설 앞부분에 위치하여 모든 장례 행렬이 지나는 시작점이 됩니다. 이곳에 "너는 흙이니 흙으로 돌아갈 것이니라"(창 3:19)는 성경말씀을 두어 성도의 죽음의 구별된 의미를 상기시킵니다.

　일반적으로 화장장의 부속시설로 운영하는 '유택동산'은 화장을 마친 유골의 골분을 뿌릴 수 있는 공간인데, 유가족이 이용하기를 꺼려하며 위치적으로도 사람들의 시선이 덜 가는 곳에 둡니다. 하지만 부활소망가든은 장사시설 제일 앞에 두고, 측백나무로 울타리를 둘러 경건한 분위기를 조성했습니다. 십자가와 예수님의 중보기도 손을 상징하는 조각 작품, 고인의 골분을 뿌리는 '긍휼'이라는 이름의 함을 순서적으로 배치했습니다. 이는 고인의 선행이나 유가족의 정성이 아닌, 오직 하나님의 은혜에 의탁해야 하는 성도의 장례의 구별성을 명확히 나타냅니다.

세상과 구별된 위로와 신앙고백

　에덴낙원은 장례예식을 '처리해야 할 일'이 아닌, 교회가 신앙 안에서 함께 경험하고 위로하는 시간으로 변화시킵니다. 장례예배와 봉안당이나 자연장에 모시는 예식 이후에 유가족이 교인들과 교제할 수 있도록 다양한 공간을 제공하는 것은 성도의 죽음의 구별성을 실천하는 한 예입니다. 일반적으로 사람들이 장사시설을 기피하고, 장례예식을 어쩔 수 없이 참여해야 하는 일로 여겨 서둘러 끝내고 떠나려는 모습과 선명히 구별됩니다. 에덴낙원에서는 섬세하게 준비된 부대시설에서 차나 식사를 나누며 유가족을 위로하고 고인에 대한 추억을 공유합니다. 이것은 죽음을 슬픔과 괴로움으로만 인식하지 않는 성도의 구별된 죽음에 대한 인식을 보여줍니다.

예수님은 사랑하는 사람의 죽음을 "잔다"(요 11:11)라고 말씀하시고, 십자가에 죽으시며 "다 이루었다"(요 19:30)고 선언하신 후에 부활하심으로 죽음을 이기셨음을 구체적으로 확증하셨습니다. 에덴낙원은 죽음을 삶의 끝이 아닌 하나님 안에서의 쉼과 회복으로 이해하는 그리스도인의 사고와 실천을 공간적으로 구현합니다. 사랑하는 사람의 죽음으로 인한 슬픔에서 벗어나지 못하거나, 해결되지 못한 고인과의 관계 문제로 짐을 지고 살아가는 이들에게 죽음의 두려움과 상실의 슬픔에 어떻게 대처해야 하는지 분명히 제시합니다. 죽음의 두려움과 슬픔을 회피하지 않고 그 가운데서도 하나님의 위로를 경험하도록 공간과 예식을 섬세하게 디자인한 곳이 바로 에덴낙원입니다.

에덴낙원의 설립 목적은 고인에 대한 추모를 넘어, 그리스도인의 신앙고백을 공간으로 구체화하는 것입니다. 성도의 구별된 삶은 순례자의 삶이라는, 하나님으로부터 받은 생명으로 세상에서 살다가 하나님 앞에 나아간다는 메시지를 전합니다. 에덴낙원은 영원히 사는 천국으로 가는 새로운 시작, 부활하신 그리스도를 믿을 뿐만 아니라 몸이 다시 살고 영원히 사는 것을 믿는 성도들의 신앙고백을 담은 곳입니다. 에덴낙원의 설립 목적과 목표를 에덴낙원 이사장 곽요셉 목사는 이렇게 밝힙니다.

"성도의 죽음은 구별되어야 합니다. 성도에게 죽음은 끝이 아닌 천국으로 가는 새로운 시작이기 때문입니다. 하나님은 성도의 죽음을 소중히 여기시고 그들을 영원한 안식으로 이끄십니다. 성도의 묘지는 그리스도처럼 부활하여 영생할 것을 믿으며 주안에서 잠자는 곳, 썩어짐을 이기는 부활이 약속되는 곳입니다. 그러나 천국의 소망이 없는 이들에게 죽음이란 늘 두려운 것으로 터부시됩니다. 그들에게 무덤은 삶의 종결이며 산 자와 죽은 자를 단절시키고 이별이 확인되는 곳일 뿐입니다. 불경건한 형식과 관습이 난무하는 그곳은 남은 자들의 절망과 슬픔이 있는 어둠의 장소인 것입니다. 성도의 죽음이 구별되듯 그들이 묻히는 곳 역시 구별되어야 합니다. '에덴낙원'은 부활하신 그리스도를 믿을 뿐만 아니라 몸이 다시 살고 영원히 사는 것을 믿는 성도들의 신앙 고백 위에 세워졌습니다. '에덴낙원'은 이러한 성도의 믿음이 실제화된 곳입니다. 무분별한 장묘 문화에 굴복한 채 사망에 종노릇하는 묘지를 부활 소망의 현장으로 회복하려는 노력입니다. 우리 삶에 가장 어두운 곳으로 남아 있는 죽음의 공간을 부활체에 합당한 밝은 안식처로 변화시키고자 합니다. 산 자와 죽은 자를 나누는 대신 부활을 기다리는 모두를 하나로 이어주는 곳이며, 어느 곳보다 찾고 싶으며 머물기 원하는 일상 속 안식처입니다. 예수 그리스도 안에서 복음으로 은혜의 공동체를 이룬 성도들은 그리스도의 몸 된 교회 안에서 구별되어 함께 부활의 영광을 기다립니다."

에덴낙원은 그리스도인의 죽음을 세상의 죽음과 구별해서 이해하고, 그에 맞는 예식과 메시지, 그리고 공간을 통해 삶을 마무리하는 복음적 길을 제시합니다. 혼합된 종교와 문화에 휘둘려서 죽음을 어둡고 두려운 것으로 남겨두는 것이 아니라, 천국 소망과 부활 신앙으로 성도의 마지막을 밝고 복되게 만듭니다.

이곳은 결코 고인만을 위한 장소가 아닙니다. 남겨진 사람들을 복음 안에서 위로하며 치유하는 공간입니다. 그리고 신앙의 유산을 나누는 전도의 현장이며, 천국을 이 땅에서 미리 맛보는 은혜의 장소입니다. 그리스도인의 삶과 죽음이 구별된 것에서 죽음을 넘는 신앙생활의 첫 번째 걸음을 살펴보았던 것처럼, 에덴낙원은 그리스도인이 영원히 안식하는 공간도 구별되어야 한다는 신학적 선언과 실천을 전합니다. 에덴낙원에서의 경험은 이제 우리를 죽음의 두려움을 이기고 영적으로 풍성함을 경험하는 신앙 여정의 두 번째 걸음으로 안내합니다.

묵상과 나눔을 위하여

1. 오늘날 장례문화에 남아 있는 무속적·유교적 요소들은 무엇이고, 그런 것들은 신앙생활에 어떤 영향을 미치나요? 그 가운데 그리스도인의 '구별된 죽음'이 가지는 의미는 무엇인지 이야기해봅시다.

2. 천국을 소망하는 그리스도인의 안식처로 세워진 에덴낙원에는 일반적인 장사시설과 다른 점으로 어떤 것들이 있나요? 교회 공동체 안에서 성경적으로 죽음을 준비하고 맞이할 수 있는 방법으로는 무엇이 있을지 나눠봅시다.

두 번째 걸음

02

'두려움'에서 '영성'으로

3

죽음의 두려움, 신앙은 어떻게 이겨내는가?

현대사회에서 장례문화는 급격한 변화를 겪었습니다. 과거 집에서 치르던 장례는 이제 병원 장례식장이나 전문 장례식장으로 옮겨졌고, 장례 절차 또한 가족이나 친척이 아닌 장례지도사와 상조회사가 주도합니다. 아파트와 같은 공동주택이 보편화되면서, 밤늦게까지 이어지는 사람들의 왕래와 소음이 생기는 장례를 집에서 치르기 어려워졌습니다. 이뿐만 아니라, 입관 후에 관을 내가야 하는 운구 시의 불편함 같은 현실적인 문제들도 장례문화의 변화를 더욱 가속화시켰습니다.

물론 이러한 변화는 편의성을 가져왔습니다. 유가족이 며칠씩 장례식에서 사용할 음식을 준비하느라 고생하지 않아도 됩니다. 평소 가입해 둔 상조회사에 연락하면 장례지도사와 직원이 파견되어 장례식 절차를 자세히 설명해 줍니다. 또 조문객을 위한 음식 준비, 화장장과 운구차 예약, 장지를 결정하는 일에 대한 정보 등 모든 과정에서 도움을 받을 수 있어 유가족이 낯선 일들을 수월하게 해결할 수 있습니다. 유가족은 편의시설이 갖추어진 장례식장에서 지인들에게 고인의 임종 소식을 전하고, 조문객을 맞이하는데 집중할 수 있게 되었습니다.

그런데 편의성과 동시에 죽음을 마주하는 시간이 단축되면서 애도의 과정을 생략하게 만드는 결과를 가져오기도 합니다. 슬픔과 상실을 충분히 표현하지 못한 유가족은 마음속 고통을 온전히 다루지 못한 채 일상으로 복귀하게 되고, 죽음과 관련된 예식은 그저 피하거나 빨리 해결하고 싶은 '사건'으로만 남게 되었습니다. 한편으로는 장례지도사와 상조회사의 도움 없이 장례식을 제대로 치를 수 있을지 염려도 생깁니다.

통과의례, 삶과 죽음의 경계에서

사회학과 인류학에서 중요한 개념으로 사용되는 '통

과의례(The rites of passage)'는 연령이나 신분, 상태와 장소 등이 변화를 겪으며 삶의 한 단계에서 다음 단계로 옮겨갈 때 행해지는 예식 또는 의례입니다. 프랑스 인류학자인 아놀드 반 게넵(Arnold van Gennep)은 개인의 일생에서 가장 중요한 순간이면서 동시에 인생의 위기라고 할 수 있는 시기에 거치는 의식을 '통과의례'라고 불렀습니다.[2] 통과의례는 삶의 위기 단계에서 시행되는 의례라고 할 수 있는데, 그 중의 하나가 장례예식입니다.

성인식이나 결혼식, 장례식과 같은 통과의례는 한 시기에서 다른 시기로 넘어가는 경계시기에 경험하는 불확실성과 불편함, 그리고 불안함에서 새로운 기회의 경험을 제공합니다. 이러한 예식은 위기 상황에서 정형화된 행동규범을 제시함으로써 위기를 통과할 수 있는 새로운 질서를 가져옵니다. 그리고 의례에 참여하는 과정에서 공동체 구성원들은 공통된 신념 체계에 따른 삶과 죽음의 의미를 공유합니다. 이때 슬픔을 이겨낼 수 있는 영적 틀을 형성하고, 공동체의 결속력이 강화됩니다.

일반적으로 사람들이 죽음을 두려워하는 이유는 이별로 인한 슬픔과 상실감, 그리고 죽음이 주는 공포 때문입니다. 가족과 분리된 외딴곳에 따로 떨어진다는 불안감과 죽은 이후의 세상을 알지 못하는 두려움으로 공허함과 절망감을 느껴 누구라도 피하고 싶어 합니다. 과거 전통 사회에서는 죽음의 확인을 거쳐 장례 절차가 진행되면 유가족은 일상적인 생활을 중단하고 한자리에 모였습니다. 이 과정에서 고인을 떠나보내는 상실의 슬픔과 고통이라는 삶의 위기를 경험하지만, 동시에 모인 사람들과 괴로운 마음을 풀어내며 다시 삶을 시작할 수 있는 힘을 얻었습니다.

그러나 오늘날 대부분의 사람은 평소에 머물던 집안이 아닌 병원에서, 가족이 아닌 의료진과 생의 마지막 임종 시간을 맞이합니다. 그리고 장례예식이 편의 위주로 간소화되면서 현대사회의 장례 시스템은 가장 위협적인 삶의 위기라고 할 수 있는 죽음과 사별의 슬픔을 빨리 매듭짓고 일상으로 돌아가도록 재촉하는 경향이 있습니다. 이는 유가족의 마음을 충분히 어루만지지 못하게 합니다. 관계의 단절로 인한 분리가 성급하게 이루어지고, 애도의 과정을 제대로 가지지 못하면서 여전히 해결하지 못한 사별(死別)의 아픔을 짊어지고 살아가는 사례가 늘었습니다. 이로 인해 삶과 죽음의 경계에서 영성을 회복하고 신앙을 확인할 수 있는 기회가 축소되었으며, 장례예식이 지닌 신앙적이고 공동체적 의미는 약화되었습니다.

무엇보다 그리스도인의 장례마저도 세상의 형식과 문화에 묻혀, 죽음의 두려움을 다루지 못하고 슬픔을 서둘러 걷어내려고만 합니다. 그러다보니 신앙 고백적 의미와 공동체적 신앙 체험의 현장을 잃어가고 있습니다. 안타까운 것은 그리스도인들이 임종과 장례식의 현장에서 유가족을 위로한다며 꺼내는 신앙적이라고 생각하는 말들이 위로가 아닌 고통을 주는 경우입니다. 때로 이분법적인 설교나, 유가족에게 공감 없이 들리는 '천국에서 다시 만날 것'이라는 이야기들이 공허하게 들립니다. 그리스도인도 죽음의 현장은 하나님이 안 계신 곳처럼 느껴지고, 그리고 죽은 사람을 위해 무엇인가 해야 할 것만 같은 부담감을 느끼기도 합니다.

위협적이고 큰 혼란을 일으키는 위기일수록 그에

상응하는 의례는 더 세부적이고 신중하게 구체화되어야 합니다.[3] 예배학자이며 설교학자인 토마스 롱(Thomas Long)은 죽음에 대해 교회가 침묵해서는 안 된다고 강조합니다. 그는 이러한 시간의 중요성을 말하며, 죽음 직전에 와 있는 신실한 그리스도인의 지혜를 공동체의 다른 사람들과 나눌 것을 제안합니다.[4] 그러면서 그리스도인에게 죽음에 대한 설교, 죽음에 대한 교회학교 수업, 죽음에 대한 교회 내 독서토론회를 제안합니다. 왜냐하면 죽음에 대한 침묵을 깨트림으로 죽음의 실재성을 경험하고 영생의 소망을 확증하는 경험이 필요하기 때문입니다.

장례예배를 비롯해, 교인들이 함께 드리는 예배와 세례식과 성찬식과 같은 예식은 신앙생활에 있어 영적으로 풍성해지는 기회입니다. 그리스도인은 하나님의 구속의 역사를 성경 말씀을 통해 듣고, 성례의 경험에서 몸으로 체험함으로 자신의 삶이 하나님의 계획안에 있음을 깨닫습니다. 이러한 과정은 그리스도인으로 자신의 인생을 하나님께서 원하시는 목적에 따른 소명 가운데 살도록 이끕니다. 이때 교회 안에서, 교회와 함께 삶의 변화가 일어납니다. 장례예배는 하나님의 구원의 역사를 예배를 통해 고백하면서 영적으로 성숙해지는 귀중한 시간입니다.

하나님을 예배하고 위로를 전하는 영성

주의 깊게 생각해야 할 부분은 장례예배가 고인의 업적을 기리는 행사로 변해가는 현상입니다. 장례예배는 점차 친지와 가족이 참석하는 개인 행사로 바뀌고 있습니다. 그리스도인에게 있어서 결혼식은 교회와 하나님 앞에서 하나님께서 짝 지워 주신 두 사람이 한 몸을 이루는 거룩한 예식이고 잔치였습니다. 그런데 어느 순간부터 주례자 없이 신랑과 신부가 주인공이 되어 전문가의 기획과 화려한 조명 아래 펼쳐지는 이벤트가 되었습니다. 이와 마찬가지로 장례예배도 고인의 삶에 대한 칭찬과 찬사로 채워지면서 그리스도인이 따라갈 예수 그리스도의 죽음과 부활에 대한 메시지가 희미해지고 있습니다. 이렇게 된 것은 죽음을 부정하는 문화에 맞추어 그리스도 중심의 장례예식을 개인 추모식으로 바꿔 놓는 결과라고 말할 수 있습니다.

목회신학자인 윌리엄 윌리먼(William Willimon)은 그리스도인의 장례예식의 궁극적인 목적을 "유가족을 위한 것"이라기보다, "하나님을 예배"하는데 있다고 설명합니다.[5] 예배를 위한 모임은 인간 자신과 인간의 소원에 관심을 두는 것이 아니라, 하나님과 하나님과의 관계에 초점이 맞춰져야 합니다. 마찬가지로 장례예식도 하나님께 초점을 맞추고, 예수 그리스도 안에서 인간을 향한 하나님의 사랑에 비추어 생명과 죽음을 조명하는 시간이 되어야 합니다. 그래야 교회는 임종과 장례예식의 현장에서 예수 그리스도의 죽음과 부활을 선포함으로 죽음과 삶에 대한 통찰을 주고, 신앙적 의미를 함께 공유하게 됩니다.

그리스도인의 장례예식은 죽음이라는 죄의 결과와 인간의 유한성에서 비롯된 두려움과 불안을 이기는 천국에 대한 소망을 제시합니다. 그래서 그리스도인은 장례예식에 참여하면서 죽음을 이해하고, 세계를 바라보는 관점이 바뀝니다. 장례예배에서 죄 사함과 구원의 말씀을 듣고 찬송을 부르며 기도하는 것은 소중한 영적 경험입니다. 장례예배는 이전의 삶이 죽고 예수 그리스도 안에서 새롭게 다시 사는 세례식의 경험처럼 그리스도인의 거듭남과 부활의 소망을 전합니다. 또한 성찬식에서 주님의 몸 된 교회를 이루는 지체인 성도가 살아서는 이곳 교회에서, 그리고 죽어서는 영원한 하나님 나라에서 다시 만나 교제할 것을 미리 체험하듯이, 장례예배를 통해서도 같은 경험을 하게 됩니다.

예수 그리스도 안에서 그리스도인이 하나 되는 경험이 가장 잘 드러나는 것도 장례예배입니다. 죽음이라는 혼란스러운 상황에서 무슨 말을 하며 어떻게 위로해야 할지 몰라 어려울 때, 죽음의 문제와 천국의 소망에 대한 하나님의 말씀을 전할 수 있는 가장 소중한 시간이 장례예배입니다. 그리스도인은 장례예배에서 삶의 가장 어려운 상황을 견디는 힘을 얻습니다. 그래서 장례예배에 사용하는 성경 본문과 기도와 찬양의 내용과 진행 순서를 세심하게 살펴봐야 합니다. 습관적으로 반복되어 온 예식으로 개인과 공동의 기도로서의 영성을 상실하고 있는 것은 아닌지 진지하게 물어야 합니다. 천국의 소망을 전하면서, 죽음 이후의 영원한 생명과 참된 안식을 증언해야 하기 때문입니다.

장례예식에서 목회자와 교인들은 함께 예수 그리스도의 십자가에 나타난, 함께 고통당하시는 하나님의 사랑으로 유가족을 위로합니다. 상실과 비탄, 애도가 필요한 이들에게 안전한 위로의 공간이 됩니다. 장례예배는 장례의 시작과 끝을 알리는 것만이 아니라, 유가족과 교인들이 천국을 소망하며 예배드림으로 종말론적 신앙을 회복하는 귀중한 시간입니다. 그래서 교인들은 장례예배에 함께 참여하고 봉사하는 경험에서 영적으로 한 가족임을 깨닫고, 불신자인 유가족이나 추모객을 향해 하나님의 사랑을 전하게 됩니다. 이처럼 장례예배는 복음 전도의 장으로서의 역할도 담당합니다.

토마스 롱이 강조했듯이, 기독교 장례를 비롯한 예식을 잘 수행하는 것은 단지 예의범절의 문제가 아닙니다. 또는 민감한 목회 돌봄의 문제, 예전적 취향과 전통에 대한 문제만도 아닙니다. 장례예배야말로 남겨진 가족들을 위한 것이면서, 동시에 교회를 위한 것입니다.[6] 이 예배에 참여한 성도들에게 죽음의 때가 오기 전에 삶의 시간이 제한되어 있다는 인간의 유한함을 깨닫고,

하나님의 나라와 의를 구하는 삶을 살도록 도전합니다. 오늘을 감사로 그리고 사랑으로 가득 채울 것을 격려합니다. 또한 삶의 마지막 순간에 죽음을 대하는 태도와 사랑하는 사람이 죽은 후에 홀로 남겨질 순간을 준비하게 합니다. 세상의 방식대로 살던 삶의 초점을 다시 하나님께 맞추고, 예수 그리스도의 십자가에 나타난 하나님의 사랑에 비추어 나와 우리의 생명과 죽음을 조망하게 됩니다. 죽음에 대한 성경적 이해와 공동체적 활동은 영적으로 충만해지는 경험을 선물합니다.

4. 부활 신앙과 천국 소망으로 충만한 영성

시편에서 다윗은 "주의 궁정에서의 한 날이 다른 곳에서의 천 날보다 나은즉 악인의 장막에 사는 것보다 내 하나님의 성전 문지기로 있는 것이 좋사오니"(시 84:10)라고 고백합니다. 이것은 단순한 감상이 아닌, 하나님이 계신 곳이 얼마나 소중한지 또한 그곳에서 하나님의 임재 안에 머무는 시간이 얼마나 복된지를 담은 신앙고백입니다. 솔로몬이 예루살렘 성전을 완공하고 하나님께 봉헌할 때, 하나님은 이 성전을 향한 기도에 응답하시겠다는 약속을 주셨습니다(왕상 8:29-53). 이처럼 구약에서 성전은 하나님의 임재를 상징하는 삶의 중심이었습니다.

신약에 이르러 성전의 개념은 교회로 확장됩니다. 신약성경은 구약 시대의 성전이 폐하여지고, 교회가 예수 그리스도를 통해 세워졌음을 밝힙니다(요 2:13-22). 교회는 하나님의 임재의 상징인 예루살렘과 같이 하나님이 항상 우리와 함께하심을 보여줍니다. 예수님은 성전을 청결하게 하시며 누구나 참여하여 하나님을 만나는 "만민이 기도하는 집"(막 11:17)인 교회의 본질을 회복시켜주셨습니다. 그리고 사도 바울은 교회를 "그리스도의 몸"(고전 12:27)으로 정의하며 교회의 주인이 예수 그리스도이심을 알립니다. 예수님을 머리로 하고 성도들은 함께 그 몸을 세우는 지체를 이룹니다. 그럼으로써 교회는 하나님의 임재가 머무는 거룩한 공동체이자, 삶과 죽음의 경계에서 하나님을 만나는 복된 공간으로 자리매김합니다.

영성의 중심공간인 부활교회

에덴낙원의 핵심 시설인 부활교회는 이러한 성경적 교회론을 담아낸 예배 공간입니다. 이 공간은 두 가지 핵심 가치를 담고 있는데, 첫째로 만민이 기도하는 집이라는 가치에 따라 누구나 자유롭게 출입하여 십자가를 바라보며 개인적 묵상과 기도를 드릴 수 있습니다. 둘째는 그리스도의 몸이라는 신학적 고백에 따라 성도의 마지막 장례예배를 드리며 살아 있는 사람이나 죽은 사람이나 예수 그리스도 안에서 하나임을 선포합니다. 이곳은 먼저 하나님의 부름을 받아 고인이 된 성도와 오늘을 살아가는 성도가 함께 하나님께 예배하는 구별된 장소입니다.

장사시설 내에 교회를 중심으로 이런 구별된 공간을 배치한 것은 깊은 신학적 의미를 담고 있습니다. 이는 성도의 삶에서 그리스도의 몸 된 교회야말로 가장 중심적인 위치를 차지한다는 것을 보여주며, 동시에 죽은 이후 참된 안식을 누리며 거하게 될 천국에서의 삶을 예표적으로 드러내려는 목적에서입니다. 에덴낙원에서는 임종부터 장례의 여러 과정은 물론 추모에 있어서도 신앙의 중심인 교회와 함께 이루어지는 활동을 통해 성경적 죽음 이해를 가지고 모두가 하나님 앞에서 부활의 소망으로 하나님을 예배하는 경험을 하게 됩니다.

부활교회는 에덴낙원 전체 시설 중 가장 상징적인 공간으로, 시설 제일 위쪽에 위치하고 있습니다. 이곳은 화장시설에서 화장을 마치고 온 유가족과 성도들이 장례예배를 드리는 장소입니다. 유가족과 조문객은 차량에서 내려 일렬로 이동해 "나는 부활이요 생명이다"(요 11:25)라는 예수님의 말씀을 마주하며 교회당 안으로 들어가 정면의 십자가를 바라보고 자리에 앉게 됩니다. 교회 양측 벽면은 넓은 통유리로 설계되어 외부에서 내부로 자연광이 들어오고, 내부에서는 외부의 경관을 조망할 수 있습니다. 이는 어둠이 아닌 소망의 빛으로 가득한 천국의 이미지를 형상화합니다. 또 천장의 십자가 창은 하늘로 열린 하나님의 임재를 상징하며, 내부에서는 경건한 음악이 흘러나와 상실의 슬픔을 위로하고, 소망 중에 회복을 경험할 수 있게 합니다.

부활교회에서 드리는 경건한 장례예배는 관습적인 의례를 넘어, 영적 회복의 시간입니다. 이곳에서는 어디서도 경험할 수 없는 가장 큰 위로를 선물하며 세 가지 중요한 기능을 수행합니다. 먼저, 상실의 고통과 슬픔으로 흔들릴 수 있는 믿음을 하나님의 말씀으로 견고히 세웁니다. 장례예배는 삶의 가장 큰 슬픔의 상황을 새롭게 해석하고 의미를 부여해 상실의 슬픔과 죽음의 두려움을 신앙으로 감당할 수 있도록 돕습니다. 또한 죽음이라는 혼란스러운 상황에서 무슨 말을 하며 어떻게 위로해야 할지 몰라서 어려울 때, 죽음의 문제와 천국의 소망에 대한 하나님의 약속을 전합니다. 그리고 고인의 죽음이 영원한 이별이 아닌 하나님과의 만남으로 이어진다는 복음의 진리를 체험하게 합니다. 이제 눈으로 볼 수 없고 손으로 만질 수 없는 육신의 헤어짐이 영원한 헤어짐이 아님을 증거 합니다.

그래서 혹시 장례예배 시에 고인이나 유가족이 출석하는 목회자와 동행하지 못하는 경우에는 에덴낙원 소속 목회자가 장례예배를 인도하여 어느 누구도 이 소중한 영적 경험의 기회를 놓치지 않도록 배려합니다. 유가족은 장례예배 가운데 듣게되는 말씀을 통해 사랑하는 사람을 하나님께 의탁합니다. 우리 모두가 참된 소망이신 예수 그리스도와 하나님의 사랑 안에 있음을 듣고 믿게 됩니다. 이렇게 이 땅에서의 삶의 시간뿐만 아니라, 죽음 이후에도 함께 하시는 하나님의 약속을 다시금 새기는 과정은 전 생애가 하나님과의 교제에 참여하고 있음을 상기시킵니다.

영성을 회복하는 신앙의 경험들

에덴낙원은 장례예배에 그치지 않고, 다양한 영적 경험을 제공합니다. 고인을 기억하며 가족들이 함께 추모예배를 드리는 미팅룸 공간은 고인이 돌아가신 날이나 생일에 모임을 가질 수 있도록 가족의 인원수에 따라 제공됩니다. 가족끼리 함께 부르는 찬송과 듣고 읽는 성경말씀, 그리고 기도는 상실의 슬픔에 갈급해진 영혼에게 영적인 풍성함과 위로를 줍니다. 이는 일반적인 장사시설에서는 경험할 수 없는, 교회 중심의 예배를 통한 영성적 경험입니다.

교회뿐 아니라 봉안당인 '부활소망안식처' 곳곳에는 십자가, 오병이어, 세족식 등 성경의 상징을 담은 조형물들이 배치되어 있어, 유가족과 방문자들이 개인적으로 묵상하며 영적인 통찰을 얻을 수 있습니다. 대리석으로 마감한 복도를 지나다 보면 다양한 크기의 62개 홀과 마주하게 됩니다. 사방에서 따뜻하게 스미는 채광과 커다란 창을 통해 내다보이는 야외의 정원과 수목들은 추모객과 방문객들의 마음에 안정감을 줍니다.

각각의 홀 안에 마련된 봉안단에는 정결하게 준비된 천연 대리석과 브론즈 커버에 고인이 신앙의 유산으로 자녀에게 남기는 성경말씀이 각인되어 있어, 이곳을 둘러볼 때면 신앙의 간증을 담은 말씀들을 접하게 됩니다. 유족들은 방문할 때마다 고인이 남겨주신 말씀을 보며 고인을 기억하면서 고인의 신앙과 신앙생활에 대해서 생각하게 됩니다. 그 말씀은 살아있는 유언이 되어 유가족을 위로하며 신앙으로 이끕니다. 이는 현재의 삶을 돌아보며 영적으로 진단하고 신앙적 성숙을 지향하도록 안내합니다.

고인을 모시는 또 다른 공간인 '부활소망가든'은 원형 연못과 십자가, 기도하는 손을 형상화한 조형물, 유골의 골분을 뿌리는 공간으로 구성되어 있습니다. 시편 23편의 푸른 초장과 쉴만한 물가를 연상시키는 이곳에서는 푸른 잔디로 둘러싸인 고요한 연못 가운데 있는 '긍휼'이라는 이름의 조형물에서 자연장 방식인 산골(散骨)로 고인을 모십니다. 유가족이 차례로 나가 고인의 유골 골분을 조형물 안에서 나오는 물에 정성껏 뿌려 고인을 모시는 예식을 진행합니다. 그러면 교회 아래와 주변 땅으로 스며들어 고인을 교회와 함께 하나님의 품에 의탁하는 예식을 마치게 됩니다. 그리고 장례 후에 이곳을 방문하는 유가족은 하나님의 사랑이 증거된 예수님의 십자가와 우리를 위해 중보기도 하시는 예수님의 기도하시는 손을 바라보며 천국에서 다시 만날 것을 소망하게 됩니다.

에덴낙원의 모든 공간은 건축적인 기능을 넘어, 하나님을 기억하고 묵상하도록 이끄는 신앙의 메시지로 설계되어 있습니다. 이곳은 고인을 모시는 시설로서만 아니라, 영적인 위로와 회복을 통해 몸과 마음이 힘을 얻는 경험을 제공합니다. 호텔, 레스토랑, 정원 곳곳에서 흘러나오는 찬송가 연주는 방문객의 마음에 평안을 선물합니다. 곽요셉 목사는 부활의 소망이 담긴 영적인 생명이 가득한 이 공간의 철학을 다음과 같이 설명합니다.

"에덴낙원은 산 자와 죽은 자의 경계가 없는, 세상에 없던 아름다운 공간을 만들고자 하는 고민에서 시작됐습니다. 왜 우리는 사랑하는 사람이 있는 공간을 방문할 때마다 늘 죄송하고 차갑게 느껴지고 가고 싶지 않을까? 왜 죽음 이후의 공간은 애초에 삶이 없었던 것처럼 무섭고 두렵고 낯설기만 할까? 우리는 이 질문에 대한 해답을 찾고 싶었습니다. 삶과 죽음은 서로 이어져 있기에 자연스럽게 공존해야 합니다. 크리스천에게 죽음은 사랑하는 사람을 천국으로 먼저 보내드리는 환송의 과정이기에, 이 공간 역시 부활의 소망이 담긴 생명이 가득한 곳이 되어야 한다고 생각했습니다. 우리는 이곳에 산 자들이 자연을 즐기고 소중한 추억을 만들 수 있는 아름다운 정원과 티하우스를 만들었고, 휴식을 위한 호텔을 짓고 레스토랑과 라이브러리를 만들었습니다. 그리고 그들이 하나님 품 안에서의 영원한 안식을 묵상할 수 있도록 부활교회와 부활소망 안식처를 함께 지어서 산 자와 죽은 자의 경계가 없이 공존하는 아름다운 공간을 만들었습니다. 하나님의 시간 안에서 크리스천의 죽음은 영원한 삶의 시작을 알리는 프롤로그입니다."

에덴낙원은 유가족이 고인을 추모하는 것을 넘어, 자신의 삶을 하나님 앞에서 성찰하고 죽음을 넘는 신앙의 여정을 회복하게 하는 공간입니다. 이곳은 죽음이라는 현실이 종결이 아니라, 새로운 믿음의 출발점이 될 수 있음을 보여주는 살아있는 신앙 체험의 현장입니다. 에덴낙원은 영성이 꽃피는 공간으로서, 죽음을 넘는 신앙생활의 두 번째 걸음인 하나님과의 깊은 교제와 영적 성숙을 위한 실질적인 본보기를 제시합니다. 그리고 이제 우리를 삶과 죽음을 아우르는 통합적 신앙의 세 번째 걸음으로 안내합니다.

묵상과 나눔을 위하여

1. 장례가 상업화되고 편리를 추구하는 과정에서 잃고 있는 것은 무엇일까요? 그리스도인은 죽음의 실재 앞에서 어떤 태도를 취하고, 어떻게 하나님을 예배할 수 있는지 이야기해봅시다.

2. 에덴낙원에서 드리는 장례예배는 죽음에 대한 인식을 어떻게 바꾸게 하나요? 지금까지 참여했던 장례예배에서 진정한 위로와 신앙 회복을 경험했던 이야기를 나눠봅시다.

세 번째 걸음

03

'분리'에서 '통합'으로

5. 신앙은 왜 삶과 죽음을 아울러야 하는가?

현대 한국사회에서 죽음의 자리는 점점 일상에서 멀어지고 있습니다. 보건복지부 장사정보서비스에 따르면 2023년 화장률은 93.5%에 달하며, 이는 1993년 19.1%에서 급격히 증가한 수치입니다. 2001년부터 서울, 부산 등 대도시에서 50%를 넘어섰고, 이제는 매장이 점차 사라져 가고 있습니다. 매장률은 2011년 17.2%에서 2023년에는 8.5%까지 감소했으며, 모든 연령대에서 화장을 선호하는 추세가 뚜렷합니다. 다만 60세 이상에서는 다른 연령대에 비해 매장 선호도가 상대적으로 높게 나타났습니다.

이러한 변화로 고인을 고향의 선산에 묻던 전통은 유가족의 거주지 근처 봉안당이나 자연 장지(葬地)를 선택하는 방식으로 바뀌고 있습니다. 고향과의 연결성이 약해지고, 선산을 관리할 사람도 없는 상황에서 고인을 마을로 들이는 장례 행렬을 거부하는 사례도 발생하고 있습니다. 공동묘지의 무덤이 관리되지 않거나 개발로 인해 방치되는 경우도 적지 않으며, 관리비 미납으로 독촉 딱지가 붙은 묘비들도 보게 됩니다. 지역 개발로 공동묘지를 없애거나 무덤을 이전해야 할 때, 무덤이 파헤쳐진 채로 방치되기도 합니다. 이처럼 죽음의 자리는 점점 일상의 삶에서 분리되고 사회적 공간에서 밀려나고 있습니다.

죽음도 다스리시는 삼위일체 하나님

현대 사회에서 죽음은 종종 일상에서 분리되고 은폐됩니다. 게다가 한국사회에서 죽음은 터부시되거나 숨겨야 하는 것으로 여겨지고, 개인이나 공동 무덤을 비롯한 장사시설은 혐오시설로 생각해 외딴 곳에 밀려나고 있습니다. 사람들이 방문을 꺼리다 보니 일상과는 무관한 곳이 되었습니다. 사람들은 가능한 죽음과 거리를 두려고 하고, 죽음을 더 이상 삶의 일부가 아닌 멀리 떨어진 예외적인 사건처럼 여깁니다. 이러한 환경에서 죽음에 대한 이해는 피상적이거나 무속적 태도로 변질되기도 합니다.

성경은 죽음이 죄의 결과라고 선언하고, 인간 삶의 현실로 인간 생의 모든 순간에 영향을 미치는 파괴적인 세력이라고 말씀합니다. 시편은 죽음을 "불의의 창수"(시 18:4), "스올의 줄"(시 18:5), "음침한 골짜기"(시 23:4), "무덤에 내려가는 자와 죽은 자 중에 던져진 자"(시 88:4-5), "깊은 웅덩이와 어둡고 음침한 곳"(시 88:6) 등으로 표현합니다. 죽음은 파괴적인 세력으로서 신체 활동의 중단이나 소멸만 아니라, 하나님의 형상인 전인(全人)으로서의 생명을 위협합니다. 인간은 죽음 앞에서 가장 강력한 두려움을 느끼고, 그 가운데 인간의 유한성은 그대로 드러냅니다.

그럼에도 성경은 죽음을 하나님의 주권 아래에 있는 현실이라고 분명히 말씀합니다. 죽음조차도 주관하시고 다스리시는 하나님의 주권에 대한 고백을 통해 삶과 죽음을 분리된 것으로 보는 왜곡된 시선을 바로잡아 줍니다. 성경은 죽음의 근본 원인이 죄에 있음을 밝히면서, 동시에 그 해결책을 제시함으로써 죽음에 대한 두려움과 불안에서 벗어나게 합니다. 그리고 고인이 된 사람과의 관계를 새롭게 정립하도록 인도합니다.

기독교 세계관은 창조주 하나님, 구원자 예수 그리스도, 성령 하나님의 주권 안에서 삶과 죽음을 연결 지어 이해하며, 죽음을 통해 삶을 더 깊이 조망하게 합니다. 인간의 창조, 타락, 구속, 그리고 완성으로 이어지는 기독교 세계관은 창조주이신 하나님, 십자가와 부활로 구원의 역사를 이루신 예수 그리스도, 새로운 피조물인 하나님 나라 백성의 삶으로 이끄시는 성령 하나님을 증거 합니다. 인간은 하나님의 주권 아래 있어 주인이신 하나님으로부터 나오고, 하나님의 은총 안에 살다가, 다시 하나님께로 돌아갑니다. 하나님이 만드신 피조물로 하나님의 영광을 위해 존재하고, 다른 피조물과 유기적인 생명 공동체를 이룹니다. 특히 인간은 하나님의 형상으로 자신은 물론, 타인과 사회, 생태계와의 관계망 속에 서로 연결되어 살아갑니다. 그리고 하나님과의 인격적 교제를 통해 궁극적으로 하나님의 성품에 참여할 존재로 지음 받은 무한한 가치를 지닌 존재입니다(벧후 1:4).

그리스도인은 하나님의 주권 안에서 삶과 죽음을 연결 지어 이해함으로 삶을 더 깊이 조망하게 됩니다. 죽음을 인위적으로 연장하려 하기보다는, 죽음 안에서 하나님의 뜻과 영생의 소망을 바라봅니다. 신약성경에서 예수님은 부활하신 후 승천하시며 "거처를 예비하러 가신다"(요 14:2-3)고 말씀하셨습니다. 이 약속은 그리스도인에게 죽음은 예수 그리스도 안에서 다시 시작하는 생명의 시작임을 보여줍니다. 죽음 이후 새로운 생명으로 다시 사는 그리스도인으로서의 정체성을 밝힙니다. 비록 모든 사람이 죄로 인해 하나님의 영광에 이르지 못하지만(롬 3:23), 그리스도인은 예수 그리스도의 죽음과 부활을 통해 죄의 문제를 해결하고 구원에 이릅니다(행 4:12). 부활 소망을 통해 하나님 나라의 확장에 참여하는 것이야말로 모든 그리스도인의 평생의 소명입니다.

대부분의 이야기에서 결말은 마지막에 등장하지만, 예수님의 부활로 그리스도인은 이미 찾아온 종말에서 새로운 세상의 출발을 경험합니다. 이 결말에 대한 감각은 현실 도피가 아닌, 현재 세계 안에서 죽음과 죽음 이후를 바라보는 그리스도인의 세계관을 형성합니다. 즉 이 세상을 떠나 완전히 별개의 상상 속에 등장하는 장소에서가 아니라, 지금 여기서 종말을 맛보며 예수 그리스도의 충성된 제자로서 결단하고 실천하는 삶을 살도록 이끕니다.[7] 하나님이 주신 결말에 대한 감각을 가지고 오늘을 살아가게 합니다.

사도 바울은 인간 삶의 때와 거처를 정하신 분이 하나님이심을 설교하며(행 17:26), 모든 생명이 하나님의 손 안에 있음을 고백합니다. 그리고 육체의 죽음 이후에 영광스러운 몸으로 다시 살아날 것을 믿는 부활 신앙 위에 삶을 세웁니다(고전 15:50-54). 이것이 그리스도인의 신앙 고백이며 죽음을 대하는 그리스도인의 관점입니다. 그래서 인간에게 요청되는 것은 삶의 시작과 함께 끝이 있음을 인식하고, 죽음이라는 인간 존재의 본질적인 경험 가운데서 충만한 삶을 사는데 정성을 다하는 것입니다.

지금 여기서 영생의 삶 살기

그리스도인은 죽음을 두려워하여 배제하거나, 반대로 별것 아니라는 듯이 죽음을 다스리고 인위적으로 통제하려고 하지 않습니다. 그런 태도는 제한된 삶의 시간만 소진할 뿐이기 때문입니다. 오히려 "죽어가는 피조물"[8] 이라는 인간의 한계를 인식하고 인정해야 하는데, 그때 비로소 생명을 주는 길에 들어서게 됩니다. 기독교윤리학자인 라인홀드 니버(Reinhold Niebuhr)는 인간의 삶과 역사에서 일어나는 모든 것은 종말을 향해 움직이는데, 여기서 종말은 '끝(finis)'과 함께 '목적(telos)'의 의미도 가진다고 설명합니다. 문제는 '끝'으로서의 종말이 '목적'으로서의 종말을 위협해 삶이 무의미성에 빠질 위험입니다.[9] 다시 말해서 그리스도인은 죽어가는 피조물임을 받아들이되, 예수 그리스도께서 죽으시고 부활하심으로 부활의 첫 열매가 되셨듯이 지금 여기서부터 영생의 삶을 살며 신앙의 성장을 이루어야 합니다.

즉 죽음에 대한 성경적 죽음 이해를 가질 때, 그리스

도인은 하나님의 변함없는 사랑에 대한 믿음과 신뢰로 죽음 이후의 천국과 몸의 부활을 소망하면서 죽음의 권세가 가져오는 두려움과 위협, 환난과 박해를 이깁니다. 그리고 세상의 그 무엇도 예수 그리스도 안에 있는 하나님의 사랑을 끊을 수 없다는 믿음 위에서 살아갑니다(롬 8:35, 38-39). 죄의 결과로 하나님과의 관계가 깨지면서 생긴 제한된 시간과 공간을 넘어, 눈에 보이는 세상이 전부가 아닌 것을 알면서 영원 지향적인 삶을 조망하게 됩니다. 이처럼 죽음에 대한 바른 성경적 이해는 현재의 삶을 더욱 풍요롭게 합니다. 그래서 그리스도인으로 죽음을 준비한다는 것은 삶의 체념이나 포기가 아니라, 하나님 앞에서 주어진 소명을 온전히 살아가겠다는 결단입니다. 그때 하나님의 형상으로서 삶의 의미를 추구하며 오늘을 신실하게 살아가게 됩니다.

죽음을 일상에서 분리시키는 문화는 삶을 피상적이고 공허하게 만듭니다. 그러나 성경은 죽음을 통해 삶의 목적을 회복시키고, 현재의 삶을 하나님 앞에서 더 깊이 살아가도록 초대합니다. 그리고 성경적 죽음 이해를 바탕으로 한 장례예식은 육신의 생명이 다한 영원한 단절이 아니라, 천국 소망 속에서 세대를 연결하는 경험이 됩니다. 신앙의 유산을 이어가는 과정에서 자신의 정체성을 확인하고, 죽은 이후에도 연속되는 유대감을 형성하기 때문입니다.

토마스 롱은 기독교 장례가 '준비(preparation)', '행렬(processional)', '매장(burial)'의 세 가지 움직임을 통해 이루어진다고 설명합니다. 시신을 씻기고 향품을 바르며 세례를 뜻하는 수의를 입히는 '준비의 단계', 시신을 무덤까지 운구하며 때로 교회를 거치는 '행렬의 단계', 그리고 무덤가에서 고인을 하나님께 의탁하는 순서와 시신을 매장하는 '매장의 단계'로 진행됩니다. 그리고 전체 장례예식은 '모으기(gathering)', '행진(procession)', '기도와 말씀의 예배(service of prayer and word)', '성만찬(Holy Communion)', '보냄(sending)'의 순차적인 움직임으로 구성됩니다.[10]

이 모든 과정에서 그리스도인은 삶과 죽음의 경계가 분명히 있지만, 단절되지 않음을 배웁니다. 장례예배는 세례의 완성이고, 교회는 죽음을 맞은 성도가 예수 그리스도의 부활을 통해 하나님과 연합을 이루는 장소로

가는 마지막 길을 동행합니다. 그리스도인의 장례예식에는 죽음과 다시 사는 세례, 영적인 생명을 얻는 성만찬의 재현이 있습니다. 이는 단순한 절차가 아니라, 신앙 안에서 함께 걷는 공동체의 여정입니다. 그래서 죽음을 기억하는 그리스도인은 더 이상 죽음 앞에서 도망치지 않습니다. 오히려 죽음을 품고, 하나님 나라의 백성으로서 삶을 충실히 살아가는 은혜의 길로 나아갑니다. 신앙 안에서 죽음을 삶과 단절된 불행이 아니라, 삶과 통합된 하나님의 섭리로 이해하고 오늘을 살 때, 죽음을 넘는 성숙한 신앙인의 걸음을 내딛게 됩니다.

6 일상에서 영원을 품고 사는 그리스도인

에덴낙원은 죽음을 미래의 사건이나 멀리 있는 두려움으로 보지 않습니다. 죽음을 통해 천국을 소망하는 신앙적 미래뿐 아니라, 지금 여기에서 새로운 생명과 안식을 경험할 수 있는 공간입니다. 이성적인 깨달음은 물론, 사랑하는 사람의 죽음으로 인한 상실에 대한 감정적 치유, 그리고 그 가운데서 경험하는 무기력과 좌절이라는 의지적인 측면에서의 회복을 돕습니다. 이러한 경험은 죽음의 위협 앞에서 위축되지 않고 마지막까지 주체적인 선택과 결정을 하도록 이끕니다. 또한 죽음 앞에서 상실의 슬픔을 경험하는 유가족과 성도들을 지키고 보호하며 신앙적 성숙을 돕는 애도의 역할을 합니다.

죽음을 일상으로 초대하는 공간

에덴낙원은 죽음의 그림자가 덮인 어두운 이미지에서 벗어나도록 건축적 요소를 반영했습니다. 장사시설에서 중요하게 다루어져야 할 '빛'과 '수(水) 공간', '형태 요소'를 고려했습니다.[11] 그래서 외부의 자연 채광이 건물 곳곳으로 스며들도록 해서 죽음에 대한 어두운 이미지를 밝고 깨끗한 이미지로 바꿉니다. 선큰 가든(sunken garden)을 통해 들어오는 밝은 빛과 연못이라는 수공간의 조화는 따뜻하고 평안한 천국의 이미지를 공간 안에서 경험하게 합니다. 이러한 형태적 맥락과 개방형의 공간 배치, 주변 자연과의 교감, 그리고 신앙적 상징물들과의 만남은 심리적인 안정감을 주어 죽음에 대한 부정적인 인식을 바꾸고, 죽음의 불안감을 감소시키는 효과가 있습니다. 결과적으로 쉼과 영적인 충전의 공간이 되어, 자연스럽게 어린아이들도 부모와 함께 오게 됩니다.

에덴낙원은 어린아이부터 노년층까지 다양한 연령대가 찾을 수 있는 공간입니다. 그리고 여러 세대가 서로 죽음에 대한 자신의 생각과 이야기를 나눌 수 있는 다양한 상징물이 있습니다. 이곳에서 아이들은 죽음, 가족의 소중함, 죽음 이후의 세상에 대해 어른들에게 질문하면서 자연스럽게 배움의 장이 열립니다. 죽음을 은폐하거나 피할 대상이 아니라, 함께 이야기할 수 있는 삶의 일부로 받아드릴 수 있습니다. 3천여 평 규모의 에덴가든과 도드람산 줄기의 야산, 공원화된 시설은 방문자들에게 일상의 쉼을 제공하면서, 동시에 죽음에 대한 신앙적 성찰의 장을 만듭니다. 꺼려지는 어둡고 우울한 죽음에 대한 이미지가 아니라, 일상의 공간에서 편안한 마음으로 서로가 죽음에 대한 생각과 느낌을 나누고 경험을 공유할 수 있습니다. 에덴낙원은 혐오와 기피의 시설이 아니라, 앞서간 사람과 오늘을 살아가는 사람이 함께하는 공간입니다.

에덴낙원은 가족이 함께 모여 기억을 나누고 예배할 수 있는 영적 교제의 공간입니다. 특히 부활소망안식처에 설치된 터치스크린(Kiosk)를 통해 고인의 사진과 생전의 순간들을 되돌아보며, 가족들은 고인을 추억하고 서로 위로를 나눌 수 있습니다. 터치스크린에서 방명록을 기록할 수 있는데, 이러한 활동으로 고인에 대한 그리움과 고마움을 전할 수도 있습니다. 이미 작성한 글을 다시 보는 경험은 상실을 딛고 일어나도록 이끄는 애도의 과정을 돕습니다. 이는 그리스도인으로서 과거의 추억을 되짚는 활동을 넘어서, 죽음에 대한 인식과 태도를 함께 배울 수 있는 중요한 자원이 됩니다.

영상 장비가 갖추어진 정갈한 가족 모임 공간에서는 준비한 동영상과 고인에 대한 사진을 보면서 과거의 기억을 떠올리며 예배를 드리고, 이야기를 나눌 수 있습니다. 이러한 경험은 자연스럽게 자신의 죽음이 임박한 마지막 순간을 어떻게 맞이할 것인지에 대한 신앙적 안목을 줍니다. 동시에 타인이 직면한 죽음의 순간에 그들이 경험하는 두려움과 불안에 귀를 기울이고 어떤 도움을 주어야 하는지에 대한 영적 민감성과 공감의 능력을 키우게 합니다.

삶과 죽음이 공존하는 복음적 일상

에덴낙원은 예수 그리스도 안에서는 삶과 죽음이 분

리된 것이 아니라, 하나라는 통합적 시각을 제공합니다. 이곳에서는 장례식뿐만 아니라, 새 생명의 탄생을 축하하는 돌잔치, 새로운 가정의 시작을 알리는 결혼식과 같은 통과의례에 해당하는 생애 중요한 행사들이 진행됩니다. 그래서 삶과 죽음이 하나임을 자연스럽게 체험합니다. 번영의 복음이나 기복신앙이 전제하는 것처럼 부와 건강과 권력을 얻는 것이 하나님의 복을 받은 증거이고, 가난과 질병은 하나님의 저주라는 왜곡된 신앙을 분별하는 영적인 통찰을 줍니다. 더 나아가 죽음마저도 하나님의 뜻에 순종하고 하나님의 나라에 헌신하기 위해 기꺼이 선택할 수 있다는 신앙적 판단을 가질 수 있게 합니다. 에덴낙원의 공간을 디자인한 최시영 대표는 여러 세대가 함께하는 에덴낙원의 공간의 의미를 이렇게 설명합니다.

"사랑하는 사람이 묻힌 곳이니 그 곳이 가장 아름다운 쉼터여야 하지 않겠습니까? 그렇지만 다들 그렇게 생각하지 않죠. 저도 부모님 유골을 모신 곳은 몇 해를 가도 낯설었습니다. 갈 때마다 자주 못 와서 죄

송한 마음이 들었죠. 그 근처 밥집조차 들러 본 적이 없을 만큼 오래 있기도 쉽지 않았어요. 차갑고 어딘지 모르게 마음이 무거워지는 곳이었으니까요. 그런데 여긴 정 반대죠. 꽃과 나무가 있고 호수가 있어요. 아이들이 뛰어 놀며 산책하기도 좋고 볕 좋은 날 머물러 있어도 괜찮죠. 내 사랑하는 이가 묻힌 곳에 나도 쉬다 가는 겁니다."

에덴낙원은 살아 있는 사람에게 하나님 나라를 기억하게 하는 공간입니다. 하나님 나라에 대한 바른 이해는 하나님이 주신 생명을 알고, 그 생명으로 어떻게 살아가야 하는지, 어떻게 더욱 풍성하게 할지를 성찰하게 합니다. 이러한 인식을 통해 그리스도인은 창조주 하나님이 만드신 하나님의 형상을 닮은 피조물이며, 천국을 향한 순례자라는 정체성을 확립합니다. 생명을 살리고 지키는 청지기의 삶을 살게 됩니다. 이때 믿음의 고백, 천국에 대한 소망과 몸의 부활, 예수 그리스도의 재림에 대한 신앙은 더욱 분명해집니다.

그리스도인은 복음 안에서 하늘에 있는 더 나은 본

향을 사모하며 살아가는 천국을 향한 순례자입니다. 땅에 있는 장막 집이 무너질 때 하늘에 있는 영원한 집으로 나가게 된다는 소망이 성취됨을 확신하기에, 그리스도인은 오늘 여기서 예수 그리스도로 주어지는 기쁨과 감사, 찬양과 회복, 쉼과 치유를 경험합니다. 에덴낙원은 영원한 천국에서 맛볼 참된 안식을 지금 여기서 맛보는 것으로 죽음을 넘는 신앙생활의 세 번째 걸음인 삶과 죽음을 통합하는 모델이 됩니다. 그리고 이제 더욱 깊은 성도의 교제라는 네 번째 걸음의 신앙여정으로 안내합니다.

묵상과 나눔을 위하여

1. 현대사회에서 죽음은 일상에서 점점 멀어지고 있습니다. 성경은 죽음을 어떻게 삶의 일부로 통합해서 이해하도록 가르치고 있는지 나눠봅시다.

2. '부활 신앙'은 죽음 이후의 일만을 위한 것이 아니라, 지금의 삶을 변화시킵니다. 에덴낙원은 이러한 부활 신앙의 삶을 오늘 여기서 어떻게 실천하게 하는지 이야기해봅시다.

네 번째 걸음

04

'외면'에서 '교제'로

7

진정한 신앙 공동체는 어떻게 경험하는가?

현대 한국사회는 급격한 인구 구조의 변화를 경험하고 있습니다. 1970년 전체 가구의 3.7%에 불과했던 1인 가구는 2022년에는 32%를 넘어섰습니다. 또한 2024년 12월에는 65세 이상 인구가 전체 인구의 20%를 넘어 초고령사회로 진입했습니다. 이러한 인구구조의 변화는 장례문화에도 큰 영향을 미쳤습니다. 전통적으로 노인을 돌보거나 임종과 장례는 가족과 자손의 몫이었지만, 핵가족화와 가족 관계의 변화로 더 이상 가족만으로 장례를 준비하고 치를 수 없게 되었습니다. 장례는 일상에서 흔히 경험하지 않는 일이기에, 상가를 지키고 조문객을 맞이하며 식사 대접을 하는 등 장례식 준비 과정부터 절차 하나하나가 낯설고 버겁습니다. 과거에는 마을 어른이나 친지들의 경험이 자연스러운 안내자 역할을 했지만, 이제는 전문 장례지도사와 상조회사가 그 자리를 대신합니다.

일본에서는 고령화 사회를 일찍부터 경험하면서 임종 준비 활동인 '종활(終活)', 장례과정을 간소화 한 '직장(直葬)', 그리고 가족과 가까운 지인 중심의 소규모 장례인 '가족장(家族葬)'과 같은 장례문화가 확산되었습니다. 한국사회에서 효(孝)의 실천으로 여겨지던 제사를 비롯한 여러 제례는 고인을 기억하며 추모하는 의식으로 세대와 세대를 통해 이어져 왔습니다. 여기에도 변화가 생기면서 점차 소통과 기억의 방식으로 새로운 형태의 효 개념이 요청됩니다. 이는 죽음을 어떻게 받아들이고 기억할 것인가에 대한 공동체적 재정립이 필요함을 보여줍니다.

공동체적 신앙을 잃어가는 교회

한국사회에서 상조회사가 활성화되고 장례문화가 상업화되면서 장례예식에서 중심을 차지하던 교회와 목회자의 역할이 축소되었습니다. 오늘날 많은 그리스도인이 임종에서부터 시신 처리, 입관, 발인과 화장장 예약, 장지 선정까지 장례 전 과정을 교회의 도움과 목회자의 집례가 없이도 진행하는 데 불편함을 느끼지 못합니다. 목회자의 역할은 입관, 발인, 안장 등의 예배예식을 주관하는 형식적인 것으로 축소되었다.

과거에는 교인들이 임종의 자리에서 예배드리고, 수의(壽衣)를 입히며 입관을 하고, 장례식에 사용할 음식을 준비해서 조문객을 대접하는 일까지 일련의 과정에 함께 했습니다. 그러나 이제 장례의 중심에서 교회와 교인은 뒷전으로 밀려났습니다. 반면 장례지도사와 상조회사의 역할은 절대적으로 중요해졌습니다. 때로는 목회자가 기독교적인 절차를 따라 장례예식을 집례하더라도, 그 후에 장례지도사가 상가(喪家)를 준비하고 추모객을 맞이하는 방법, 수의가 상징하는 의미, 어떻게 고인을 평안히 모시는지 등 한국 고유의 장례문화에 따라 장례를 유가족과 다시 진행하기도 합니다.

기독교 전통에서 신앙 공동체는 살아 있는 성도와 하나님의 부름을 받은 성도가 교회 안에서 영적으로 교제했습니다. 성도의 교제는 단순한 식탁 모임이나 소그

룹 활동을 넘어서는 의미를 가졌습니다. 그래서 성도의 시신을 교회 건물 안이나 벽, 또는 교회 옆의 묘지에 매장했습니다. 그리스도의 몸 된 교회는 살아 있는 사람들만의 공동체가 아니라, 시간과 공간을 초월한 성도의 연합의 장이었습니다.

그러나 오늘날 교회에서는 죽음에 대해 언급하기를 꺼려합니다. 죽음은 조용히, 멀리, 빠르게 처리해야 할 일로 여겨지고, 그 결과 그리스도인의 죽음은 신앙의 유산을 남길 기회가 아니라 불편한 삶의 마무리로 전락했습니다. 교회는 죽음 이후의 천국과 이 땅에서의 하나님 나라를 생각하지 않고, 세상의 방식대로 성장과 번영의 가치를 따라가게 되었습니다. 점차 교회가 죽음의 자리를 외면하고 신앙의 유산을 소홀히 여기면서 그리스도인 사이의 연합보다는 분열과 개별화로 인한 갈등에 직면하게 된 것입니다. 교회가 성도들 삶의 중심이 되지 못하고, 교회를 중심으로 세대와 세대가 연결되어 신앙의 유산을 이어가지 못하고 있습니다.

그리스도인은 살아서나 죽어서나 교회와 함께하는 존재입니다. 이것은 하나님의 부름을 받은 성도와 살아

있는 성도가 교회에서 영원히 함께한다는 것을 의미합니다. 이것을 인식할 때, 시간과 공간을 초월한 보편적인 그리스도의 몸으로서의 교회에 대한 인식을 가질 수 있습니다. 세대와 세대는 물론, 삶과 죽음을 함께 나누는 성도들의 교제 속에 진정한 성도의 연합이 이루어집니다. 교회는 살아있는 성도와 죽은 성도가 함께 예배드리고 찬양하면서 성도의 교제가 이루어지는 공간입니다. 살아서 교회와 함께했듯이, 죽어서도 교회와 함께하는 것은 성도의 가장 큰 영광입니다.

　장례예식과 추모 과정은 단순히 슬픔을 처리하는 절차가 아닙니다. 가족과 교회가 함께 위로하고, 복음을 확인하고, 신앙을 고백하는 중요한 시간입니다. 살아서나 죽어서나 복음을 증거 하는 삶이야말로 거룩한 그리스도인의 사명입니다. 그래야 순례자로 이 땅에서의 삶을 신앙 안에서 잘 살고 또 잘 마치는 것입니다. 누군가 나를 아는 사람이 생각할 때 '예수님을 믿고 천국에 갔다'는 확신을 주는 것, 지난 삶을 통해 '예수님을 믿고 천국에 가야 한다'는 것을 가족과 지인에게 남기는 것이야말로 전도자의 삶입니다. 여기에 한 알의 밀알로 땅에 떨어져 풍성한 열매를 맺는 복음의 증인으로서의 삶의 원리가 있습니다.

복음을 전하는 마지막 교제의 시간

성경은 신앙의 유산이 세대를 넘어 전수되는 것의 중요성을 강조합니다. 신명기 6장 4-9절에 기록된 "들으라"는 의미의 '쉐마(Shema)'는 신앙이 부모에게서 자녀로, 이전 세대에서 다음 세대로 전해져야 함을 말씀합니다. 하나님의 말씀을 삶 속에서 깊이 새기며 행동과 사고의 기준으로 삼아야 한다고 가르칩니다. 이는 단순히 교훈이나 전통의 전달이 아니라, 하나님의 나라와 영원한 생명의 소망을 품은 그리스도인의 거룩한 사명이자 신앙 공동체의 정체성을 계승하는 일입니다.

야곱이 죽기 전 자녀들을 축복한 것처럼(창 49장), 또한 다윗이 죽음을 앞두고 솔로몬에게 성전 건축을 맡긴 것처럼(대상 28장), 임종과 장례라는 삶의 마지막 시간에 신앙의 유산은 후대에 깊은 영향을 미칩니다. 이 시간은 신앙의 유산을 남기는 결정적인 순간으로, 그리스도인의 삶의 목적과 핵심적인 사명은 복음을 전하며 복음의 증인으로 사는 데 있습니다. 복음은 그리스도인의 삶에 원동력이 되어 삶의 의미를 발견하게 하고, 예수 그리스도 안에서 자유인으로 세상을 지키고 다스리는 사명을 다하게 합니다. 고인과 마주하는 바로 이 순간은 후손과 교회가 신앙의 본질을 되새기고, 복음에 응답하도록 이끄는 은혜의 통로가 됩니다.

그리스도인이라도 질병과 고통, 재난과 재해, 죽음으로부터 예외일 수 없습니다. 그래서 이러한 위기의 시간과 장소 한 가운데서 더 깊이 질문하고, 성경적 관점으로 사고하며 신앙인으로서의 태도를 취해야 합니다. 성경이 주는 삶에 대한 깊은 통찰은 세상에 근본적인 질문을 던져 세상으로 고민하게 하고, 대안을 찾도록 자극하는 역할을 합니다. 그때 그리스도인은 세상에 죽음이 두렵고 어두운 것이 아니라, 새로운 소망이 됨을 알리게 됩니다. 세상을 떠나면서 신앙을 선물로 남기고, "성도의 죽는 것을 여호와께서 귀중히 보시는도다"(시 116:15)라는 말씀처럼 후손들에게 믿음으로 다시 시작하는 새로운 삶을 보여주게 됩니다.

인간은 죽음에 대한 이해를 정립함으로 죽음의 의미를 발견하고, 생명을 소중히 여기며, 사별에서 오는 고통을 극복하는 방안을 찾습니다. 죽음에 대한 이해에는 사회화의 과정과 개인적으로 경험한 사건들이 영향을 미치는데, 그중에서도 임종을 앞둔 사람들과의 교제는 일상과는 다른 차원의 경험을 통해 사고에 변화를 일으켜 영적 성장의 동인이 됩니다. 이어지는 임종한 사람을 장례하는 예식은 죽음의 상황이 오기 전에 죽음을 준비하고, 사랑하는 사람이 죽은 후에 홀로 남겨질 상황을 대비하게 합니다. 때로는 과거에 경험한 사별의 슬픔을 충분히 해결하지 못한 경우, 장례식 참석 경험은 자신의 오랜 슬픔을 해결하는 소중한 기회도 제공합니다.

현대 사회에서 죽음은 개인화되고 고립되며, 종종 무관심속에 방치됩니다. 외면하는 것입니다. 그러나 그리스도인에게 있어 죽음은 신앙의 고백을 담은 공동체적 사건입니다. 복음 안에서 누군가의 임종을 함께 지키고, 장례예식에서 고인을 기억하며 복음을 증거하는 순간은 후세대에게 천국 소망을 전하는 시간이 됩니다.

죽음은 결코 사적인 일이 아닙니다. 고인의 삶이 증언한 신앙, 남겨진 사람들이 들은 복음, 그리고 그리스도 안에서 다시 만날 것이라는 천국의 소망은 그 자리에 함께 한 모든 이들에게 깊은 울림을 줍니다. 이것이야말로 그리스도인의 장례가 복음 전도이고, 신앙 교육이며, 공동체 회복의 기회가 되는 이유입니다. 그리스도인의 죽음은 신앙의 유산이 되어야 합니다.

죽음을 통해 복음을 증거 하는 삶이야말로 그리스도인의 가장 중요한 기도제목이며 동시에 생을 가장 잘 마치는 길입니다. 그리스도인의 죽음과 장례가 그 자체로 믿는 사람과 믿지 않는 사람 모두에게 복음을 전하는 귀하고 복된 일이 되는 것은 신앙의 기억과 유산을 다음 세대에 전하면서 세대와 지역을 넘어 복음이 확장되기 때문입니다. 교회는 임종에서 장례까지, 그리고 그 이후의 애도와 추모의 과정까지 함께해야 합니다. 단지 형식적인 예식이 아니라, 성도의 죽음을 성경적 세계관으로 이끌어 줄 수 있는 영적 안내자가 되어야 합니다. 그때 슬픔은 감사와 사랑으로 바뀌고, 두려움은 신앙의 확신으로 변화하는 신앙 성장의 기회를 맞게 됩니다.

  신앙의 성숙은 단순히 삶에 대한 지식을 쌓는 것으로 이루어지는 것이 아닙니다. 오히려 사랑하는 이의 죽음을 경험하고 그 안에서 영원을 향한 하나님 나라의 현실을 묵상할 때, 삶과 죽음 모두가 복음 안에서 다시 의미를 찾게 될 때 자연스럽게 형성됩니다. 그리스도인의 죽음은 삶과의 단절이 아니라, 복음으로 하나 되는 연속성 가운데 있습니다. 교회 공동체는 남겨진 이들에게 고인이 된 성도의 믿음을 기억하고, 그 신앙을 본받아 자신의 길을 다시 성찰하게 합니다. 신앙의 유산을 통해 교회는 세대와 세대를 잇고, 이 땅에서의 순례자의 삶과 하늘의 본향을 연결합니다. 그 길 위에 서 있는 모든 성도는 죽음을 통해 복음을 유산으로 남기고, 영원한 생명으로 나아가게 됩니다.

8

세대와 세대를 잇는 신앙의 유산

신앙 공동체 안에서의 진정한 교제는 반복적이고 습관적 만남을 넘어, 서로의 기쁨과 아픔을 나누며 영적으로 함께 성장하는 과정입니다. 그리스도인의 삶의 여정에서 종종 죽음과 같은 어려운 주제를 외면하고, 깊은 교제를 피하려는 경향이 있습니다. 그러나 성숙한 신앙을 위해서는 이러한 외면의 자세에서 벗어나 진정한 교제로 나아가야 합니다. 인간의 취약함과 한계를 인정하고, 서로를 지지하며 믿음 안에서 함께 걸어가는 여정에서 참된 교제가 형성됩니다. 특히 죽음으로 인한 상실 앞에서 친밀한 교제는 위로와 희망을 줄 뿐만 아니라, 영원한 삶에 대한 소망을 함께 나누는 귀중한 기회를 선물합니다.

신앙을 회복하는 소망의 경험

'에덴낙원'이라는 이름은 창세기에서 나오는 하나님이 지으신 완전한 아름다움의 상징인 에덴동산의 '에덴'(창 2:15; 3:23-24, 겔 36:35, 욜 2:3)과 죽음 이후 하나님의 품에 안기는 천국을 의미하는 '낙원'(눅 23:43, 고후 12:4, 계 2:7)이라는 두 성경의 단어와 개념을 통합한 것입니다. 에덴동산은 하나님이 만드시고 지키시며 다스리시는 완전한 아름다움이 있는 공간으로, 하나님은 생동하는 자연 만물이 있는 에덴동산에서 인간을 비롯한 다양한 생명체가 살아가도록 허락하셨습니다. 또한 이스라엘 백성에게 주시겠다고 약속하신 가나안 땅을 젖과 꿀이 흐르는 곳이라고 하면서 그 의미를 설명할 때도 '에덴동산과 같은 곳'이라고 표현합니다.

그리고 예수님의 십자가 양옆에서 십자가에 못 박힌 강도 중 한 명이 "당신의 나라에 임하실 때에 나를 기억하소서"(눅 23:42)라고 간청할 때, "오늘 네가 나와 함께 낙원에 있으리라"(눅 23:43)고 하신 예수님의 말씀에 낙원이 나타납니다. 즉, 낙원은 죽음 이후에 가게 될 세상인 천국과 영생의 삶을 가리킵니다. 여기에서 낙원은 죄에서 용서함을 받는다는 구원의 의미를 포함합니다. 이처럼 에덴낙원은 고인을 모시는 장사시설이면서 삶과 죽음, 현재와 미래, 세상과 천국이 함께 공존하는 "삶과 죽음의 이야기가 함께 담기는 가장 복음적인 공간을 생각"하면서 시작되었습니다. 고인을 추모하는 장묘시설의 기능만 아니라, 성도의 신앙이 회복되고 복음적인 삶을 살도록 돕는 역할을 합니다.

에덴낙원 부활교회에서는 대부분의 장사시설에서 경험하기 어려운 경건한 장례예배를 통해 유가족과 성도들이 고인을 중심으로 신앙 안에서 하나가 되는 경험을 합니다. 함께 찬송하고, 성경말씀을 읽고, 설교를 듣는 과정에서 그리스도 안에서 하나 되는 친밀한 성도의 교제와 일체감을 체험하게 됩니다. 함께 장례행렬을 이루어 이동하면서부터 평소에 가지지 못했던 하나된 생각과 마음을 몸으로 체득하며 죽음으로 인한 두려움과 상실에 괴로워하고 슬퍼만 하는 것이 아니라, 그리스도의 품에 안기는 소망을 바라보게 됩니다. 이렇게 에덴낙원은 남겨진 가족들의 애도 과정과 신앙의 회복을 돕는 역할을 합니다.

곽요셉 목사는 미국 포레스트 론 메모리얼 파크(Forest Lawn Memorial Parks)에서 받은 영감으로 기존의 어둡고 슬픈 장례문화를 넘어 밝고 명랑한 배경에서 상실의 슬픔이 있는 이들을 위로하고, 일상에서 천국을 깊이 생각할 수 있는 공간을 제시하고자 했습니다.

"풀러신학교 시절 포레스트 론 메모리얼 파크(Forest Lawn Memorial Park)[12] 가 바꾸어놓은 미국의 장례문화를 접했습니다. 포레스트 론 메모리얼 파크는 로스앤젤레스에 1906년 설립된 공원묘지로 기존의 어둡고 슬프기만 했던 장례문화의 틀을 깨고 '밝고 명랑한' 배경으로 상실의 슬픔이 있는 이들을 위로하며 고인을 추억하는 새로운 형태의 장례문화를 이끌었습니다. 신학을 공부하면서 깊이 생각해야 할 일이 있을 때나 안식을 얻고 싶을 때 그 공간을 찾아갔습니다. 공간은 곧, 그 공간에서 시간을 보내는 사람들의 삶에 관한 이야기입니다. 삶과 죽음이 한 곳에 있는 '에덴낙원'을 통해서 사람들에게 저 먼 곳의 천국이 아닌 바로 여기 일상에서 천국을 깊게 생각하는 전환점을 제시하고자 했습니다. 눈앞의 일만 보다가 이 특별한 공간을 마주하면 삶에 대한 근원적인 질문으로 진정한 회복이 이루어집니다. 어떻게 하면 이 공간이 하나님 앞에 먼저 부름 받은 성도에게는 믿음의 유산이 되고 동시에 남은 가족에게는 천국 소망을 가진 풍요로운 삶이 될 수 있을지, 이 한 가지만 생각했습니다."

에덴낙원은 이런 천국과 안식에 대한 메시지를 담아, 죽음을 외면하거나 억압하지 않고 복음 안에서 그 의미를 직면하도록 안내합니다. 성경의 메시지를 담은 공간 구성과 자연의 조화는 죽음에 대한 부정적인 이미지를 긍정적으로 전환시키는 역할을 합니다. 또한 장례와 추모의 공간이 일상적인 쉼의 공간과 공존하면서 죽음을 일상에서 분리된 혐오의 대상이 아니라, 삶을 더욱 의미 있게 만드는 요소로 변화시키는 것입니다.

오늘 이곳에서 전하는 영적인 유산

한국에서는 전통적으로 죽음을 죄의 대가 또는 재수 없는 불행한 일로 여기며 죽음과 관련된 현장이나 시설을 가능한 피하려고 합니다. 죽음은 누구도 예외일 수 없음에도 묘지를 비롯한 화장장 등의 장례, 장묘시설들을 혐오시설로 여겨 일상에서 멀리 두려는 경향이 있습니다. 그러나 에덴낙원은 죽음을 인식하고 그 의미를 직시하며, 변화에 적극적으로 대처할 수 있도록 하여 죽음으로 인한 불안을 극복하는 데 도움을 줍니다. 에덴낙원에서의 경험은 죽음을 두렵고 어두운 것으로 받아들이던 인상을 밝고 긍정적으로 바꾸어 놓습니다.

이곳은 보기에 아름답고 편안한 느낌을 주면서 고인의 삶의 흔적이 기억되고, 후손이 믿음의 길을 이어갈 수 있도록 영적 유산을 남기는 장소입니다. 때로는 가족 간의 오랜 갈등을 풀고 새로운 관계를 시작하는 화해의 역할도 합니다. 에덴낙원에서의 경험은 죽은 이후 자신이 어떻게 다루어질지에 대한 불안감도 해소해 줍니다. 죽은 이후에 자신이 잊히는 존재가 되는 것이 아니라, 여전히 기억되고 그러므로 관계가 계속 지속될 것이라는 확신을 주기 때문입니다. 에덴낙원은 삶과 죽음을 일상과 함께 경험할 수 있도록 장사시설과 호텔시설이 한 공간에 있습니다. 그래서 장례식 때 처음 오는 것이 아니라, 평소에 가족과 함께 와서 추억과 가족의 공통된 기억을 만들 수 있는 특별한 장소가 됩니다.

사회복지학과 교수 알렌 휴 콜(Allan Hugh Cole)은 상실로 인한 슬픔의 과정을 잘 견디고 좋은 애도의 시간으로 전환하기 위한 방법 중 하나로 "상실과 함께 머물기"를 제시합니다. 때로 고인의 기념일과 같은 때 고인을 추억하며 기억으로 떠올리다가 슬픔이나 우울의 감정에 삶이 지배당하거나 압도될 수 있는데, 그는 이러한 부정적인 영향에 사로잡히지 않을 수 있도록 추모의 공간을 두라고 제안합니다. 상실한 대상을 위한 기억과 추모의 장소를 찾는 것은 좋은 애도를 돕는다고 설명하며 강가나 산, 교회를 찾거나 숲길을 거닐거나, 음악을 듣기 위한 장소를 찾을 수 있다고 말합니다. 또한 어떤 사람들은 뜨개질을 하거나, 그림을 그리거나, 정원을 가꾸는 일과 같은 활동들이 애도를 위한 감정

적, 육체적 혹은 영적인 공간을 마련하는 데에 도움이 된다고 설명합니다.[13]

에덴낙원은 상실의 슬픔을 낯선 곳이 아니라, 고인과 함께 머물며 추억을 쌓던 익숙한 장소에서 풀어낼 수 있도록 도와주면서 고인의 죽음의 의미를 새롭게 바라보게 합니다. 묵상과 기도가 있는 예배당, 꽃과 오솔길이 있는 가든, 다양한 모임 장소에서 고인과 함께했던 활동의 기억들은 애도 과정에 큰 힘이 됩니다. 사랑하는 이와 함께 했던 아름다운 기억과 추억의 장소를 가지는 것은 상실의 아픔 가운데 있는 유가족이 슬픔을 이기도록 돕는 가장 좋은 방법입니다. 사랑하는 사람을 잃은 상실의 아픔은 고인을 생각할 때 떠오르는 감사의 기억 속에서 치유되고 회복될 수 있기 때문입니다.

누군가의 임종과 장례예식은 사람을 불러 모으고, 그 자리는 종종 가족 간의 갈등을 해소하고 새로운 관계를 시작하는 기회가 됩니다. 고인이 살아온 삶의 자취는 이후 세대에게 삶을 대하는 태도와 인생에서 추구해야 할 가치를 제시합니다. 또한 고인과 함께했던 공간에서의 기억을 회상하는 경험은 죽음의 불안감을 상쇄시키고 가족 공동체의 회복을 도와 관계가 깊어지게 합니다. 에덴낙원은 죽음을 외면하지 않고 정면으로 마주하게 하면서도, 그것을 두려움이 아닌 소망과 교제의 시작으로 이끌어 주는 역할을 합니다. 에덴낙원은 세대가 함께 모여 기억하고, 나누고, 고백하며, 신앙을 이어가는 공간으로서 죽음을 넘는 신앙생활의 네 번째 걸음인 진정한 교제의 현장이 되고 있습니다. 그리고 이제 마지막으로 세상을 향해 성경적 가치를 전하고 나눔을 실천하는 다섯 번째 걸음으로 안내합니다.

묵상과 나눔을 위하여

1. 임종과 장례의 현장에서 경험할 수 있는 성도의 교제로는 어떤 것이 있을까요? 후세대에 남겨야 할 신앙의 유산으로는 무엇이 있을지 생각해봅시다.

2. 에덴낙원에서의 장례예식은 사별로 인한 상실의 순간을 극복하는데 어떤 도움을 주나요? 유가족을 위해 교회와 성도가 해야 할 역할에 대해 이야기해봅시다.

다섯 번째 걸음

05

'단절'에서 '나눔'으로

9 그리스도인은 세상과 무엇을 나눌 것인가?

과거에는 동네에서 집 앞에 '상중'(喪中)이라고 적힌 등(燈)이 걸리고, 대문 안에서 들려오는 울음소리와 함께 검은 옷을 입은 이웃들이 드나드는 모습을 통해 자연스럽게 죽음을 인식할 수 있었습니다. 그러나 현대 사회에서는 죽음과 관련된 경험을 집 주변을 비롯한 일상의 현장에서 접하기 어렵습니다. 병원 장례식장이라는 특정 공간에 죽음이 격리되어 일상의 삶과 단절된 채 조용히 처리하는 일이 되었습니다. 가끔 도로에서 마주치는 영구차와 부고(訃告)를 듣는 경우가 아니면, 죽음을 생각할 일이 거의 없습니다. 죽음과의 만남은 주로 뉴스와 드라마와 같은 미디어 매체를 통해 간접적으로만 이루어지며, 그마저도 대부분 '나와는 상관없는 일'처럼 느낍니다.

죽음을 기억하고 품는 방식은 문화마다 다르게 나

타납니다. 동양권에는 마을 중심의 생활공간과 가까운 곳에 공동묘지를 두고 자주 참배하는 문화가 있는가 하면, 서양에서는 묘지를 공원처럼 조성해 시민들의 휴식과 예술, 역사적 가치를 지닌 문화공간으로도 활용합니다. 삶과 죽음, 자연이 함께 공존하는 모습으로 편의를 제공하는 쉼의 공간이 됩니다. 반면 한국은 장사시설 대부분이 도시 외곽에 위치하고, 장례를 치른 가족만이 이용하는 폐쇄적 형태가 일반화되어 있습니다. 특히 화장 시설은 대표적인 '혐오시설'로 인식되어, 죽음은 점점 더 일상에서 멀어지고 있는 실정입니다.

죽음을 외면하지 않는 신앙 공동체

세상은 죽음을 기피하고 터부시하는 반면, 교회 공동체는 오래전부터 죽음을 신앙으로 직면하는 전통을 이어왔습니다. 임종을 앞둔 이들과 함께하며 그들을 위한 돌봄과 기도를 통해 두려움을 극복하도록 위로하고, 하나님의 은혜와 사랑을 전하는 사역을 실천해 왔습니다. 히포의 아우구스티누스(Augustine)는 죽음의 두려움을 순리로 이해하고, 순교의 신앙을 본받아, 순례의 윤리를 따라야 한다고 강조했습니다.[14] 그리스도인은 죽음의 고통과 위협 앞에서도 하나님을 주님으로 모시고, 예수 그리스도를 구원자로 고백하는 신앙을 지키기 위해 순교까지 선택할 수 있었습니다. 그리고 죽음을 앞둔 사람들을 위로하면서 그들의 두려움을 함께 감당하며 섬기는데 헌신해왔습니다.

인간이 죽음에 대한 가지는 두려움 자체는 보편적이고 자연스러운 것으로, 이는 타락한 인간에게 죄의 값으로 주어진 유한성과 취약성을 말해줍니다. 이러한 죽음의 두려움은 개인의 의지와 노력만으로는 감당할 수 없습니다. 목회자와 교회 공동체의 위로와 격려, 슬픔을 나누는 참여로 함께 감당해야 할 과제입니다. 이때의 섬김은 교회 공동체를 위해서만 아니라, 지역 공동체와 사회를 향해 확장되어야 합니다. 그가 누구든지 임종을 앞둔 사람을 돌보는 일은 그리스도인의 삶이 지상의 도성에서 영원한 도성으로 향하는 순례임을 깨닫게 합니다. 교회 공동체는 그리스도께서 첫 열매가 되신 영원한 생명의 길을 걷도록 인도하는 영적 안내자입니다. 세상에 삶과 죽음에 대한 성경의 진리를 보여주고, 영원한 소망과 참된 위로를 전하도록 택함 받은 존재입니다.

그리스도인은 죽음의 현장은 물론, 수많은 죽음의 위협이 도사리는 곳이라도 피하지 않고 오히려 찾아갔습니다. 사실 죽음을 앞둔 사람과 가까이 하고 그들을 돌보는 것은 부담스러운 일임에 분명합니다. 그럼에도 그리스도인은 더 높은 가치를 추구하며 더 넓은 범위에서 섬김과 봉사를 실천했습니다. 초기 기독교가 신흥 종교와 같은 위치에서 크게 성장할 수 있었던 주요 요인으로 꼽는 것 중의 하나가 바로 죽음을 앞둔 사람과의 공감과 그들에 대한 돌봄이었습니다. 당시에는 의학 기술이 발달하지 않았지만, 최소한의 돌봄만으로도 전염병의 확산을 막는 데 도움이 되었습니다. 다른 여러 종교인들이 질병과 고난에 대한 의문에 싸였을 때, 그리스도인은 공감어린 설명과 위안, 그리고 적극적인 섬김으로 이교도가 주류인 사회적 네트워크에서 그리스도인이 주류인 사회적 네트워크로의 이동을 이루어냈습니다. 사회학자 로드니 스타크(Rodney Stark)는 이러한 죽음에 대한 인식과 공감이 사람들에게 긍정적인 영향을 끼치면서 기독교의 발전을 이끌었다고 설명합니다.[15]

공공성을 회복하는 복음적 삶

장례예배와 함께, 한국교회는 장묘문화에 있어서 복음적 정체성에 대한 인식은 물론, 교회의 공적 역할에 대해 제대로 대응하지 못하고 있는 실정입니다. 매장에서 화장으로 급격히 변화하는 장례방식에 적절히 대처하지 못하고, 시대적 변화를 읽어내지 못한 결과 임종과 장례, 장묘를 개인의 판단에 따라 선택하도록 떠넘겼습니다. 성도 개인의 뜻을 존중한다는 명분으로 장례의 과정과 장묘에 대한 신학적 성찰이나 실제적 대안을 제시하지 못하면서 교회가 영적으로 풍성해지는 경험을 잃고 있습니다.[16]

또한 '죽음의 질'을 비롯해 웰다잉과 같은 사회적 담론이 확산되고 있지만, 교회는 이에 대해 성경적으로나 신학적으로 깊이 살피지 못하고 단순히 따라가거나 침

묵하는 모습을 보입니다. 그리스도인이 세상의 가르침을 성경 말씀을 따라 분별하지 못하고 답습하고 있는 실정이 안타깝습니다. 그리고 삶과 죽음의 문제에 관한 풍요로운 성경적이고 신학적 자원을 실천적 대안으로 제시하지 못하고 있는 것이 현실입니다.

그 결과로 이제 장례는 교회가 아닌 상조회사와 장례지도사의 손에 맡겨졌고, 장례예식조차도 기독교적 정체성을 드러내기 어려운 형태로 진행되기 일쑤입니다. 한국교회의 묘지는 대부분 개별 교회가 도심에서 멀리 떨어진 곳에 독립적으로 토지를 확보하여 조성해 왔으며, 주로 해당 교회 교인들만 이용할 수 있었습니다. 한국의 전통적인 유교문화에 따른 매장 형식을 취해왔는데, 화장 문화가 보편화되면서 교회마다 대안을 마련하지 못해 어려움을 겪고 있습니다. 죽음이라는 중요한 신앙의 문제를 개인화하고, 교회의 공적 책임을 망각하면서 공동체적 신앙의 풍성함이 약화되고 있는 것입니다.

성경은 인간의 삶과 죽음을 생물학적인 관점으로만 아니라, 하나님의 섭리 속에서 이해해야 할 신앙적인 현실로 설명합니다. 이는 세계관의 문제이자, 공동체적 책임이라고 할 수 있습니다. 성경적 세계관은 종교적인 신념과 행위만이 아니라, 일상의 삶 구석구석에까지 영향을 미칩니다. 피조물이라는 인간의 본질과 하나님이 만드신 세상의 시작과 끝, 죽음 이후의 삶에 대해서 성경과 신학, 설교를 통해 선포하고 증언해야 합니다. 죽음은 인간 존재의 유한함을 보여주지만, 동시에 하나님의 창조와 구속, 완성의 관점에서 바라볼 때 영원한 생명으로 향하는 문이 됩니다. 천국을 소망하며 오늘 이곳에서 하나님의 나라를 이루는 삶을 살도록 격려하는 것이 중요합니다.

하나님의 나라의 가치와 통치는 교회에만 국한되지 않고, 시민사회와 일상의 삶 속에서도 실현되어야 합니다. 그리스도인은 삶의 모든 영역에서 성경적 세계관을 바탕으로 하나님 나라를 위해 헌신해야 하는 사명이 있습니다. 공공신학자인 맥스 스택하우스(Max Stackhouse)는 청지기 정신(stewardship)이 교회 직분에만 국한되어서는 안 되며, 시민사회의 모든 영역에 적용되어야 한다고 주장합니다. 그런 차원에서 청지기 개념을 재조명하고 확장시켜야 한다는 하나님의 주권과 통치에 대한 인식을 강조합니다. 복음을 가진 교회가 생명, 돌봄, 나눔이라는 가치를 통해 세상 속에서 공적인 책임을 실천할 때, 죽음까지도 복음의 빛을 드러내는 통로가 될 수 있습니다.

오늘날 생산과 소비를 최고 가치로 여기는 물질만능 사회에서 생명의 가치는 이차적인 순위로 밀려나고, 인간의 존엄성과 삶의 의미는 부차적인 것으로 여겨집니다. 그러나 성경적 세계관으로 세상과 구별된 삶에 대한 분별력을 가질 때, 이러한 세속주의를 극복하게 됩니다. 또한 죽음의 두려움에 굴복하지 않는 삶을 살아갈 수 있습니다. 죽음을 단절이나 개인적인 일이 아니라, 신앙의 유산을 세대 간에 전하고 공동체가 함께 나누는 경험으로 회복하게 됩니다. 그때 그리스도인은 주어진 소명을 따라 이 땅에서 하늘 본향을 향한 순례자로 살고, 그 여정은 천국으로 이어집니다. 교회는 죽음을 사적인 경험에서 벗어나 공동체적이고 공공적인 차원에서 재조명하는 역할을 감당해야 합니다.

10. 공유하고 연합하는 그리스도인의 삶

현대 장례문화는 빠르게 변화하고 있습니다. 특히 고령화와 1인 가구의 급증은 죽음을 더 이상 가족 안에서만 해결할 수 없는 문제로 만들었습니다. 이에 대응하여 보건복지부는 <2023-2027 제3차 장사시설 수급 종합계획>에서 장례문화의 공공성과 친자연적 장례문화의 확산을 핵심 목표로 제시 합니다. 구체적으로 고독사 예방, 무연고 사망자 공영장례 지원 확대, 그리고 화장한 유골 가루를 뿌리는 자연친화적인 장례방식인 산분장(散粉葬) 이용률을 2027년 30%(2020년 8.2%)까지 끌어올리는 것 등을 계획하고 있습니다.

정부 계획은 더 나아가 고효율과 저비용 방식의 '캐비닛식 화장로' 도입, 자연 및 사회적 재해와 특히 감염병 등 사망자 급증에 선제적으로 대응할 수 있는 장례 지원체계 마련과 매뉴얼 개발, 장사정보시스템의 고도

화, 묘지 등 '장소 중심의 성묘와 추모'에서 메타버스와 인공지능기술과 가상현실 서비스를 통한 '가상공간과 온라인 추모'의 활성화, 웰다잉 문화 확산에 따라 사전에 자신의 장례의향을 결정할 수 있는 제도 도입 등 여러 변화를 담고 있습니다.

삶과 죽음의 가치를 공유하는 모델

이러한 흐름 속에서 에덴낙원은 장묘문화에 대해 신학적이고 실천적인 대안을 제시하지 못하는 한국교회를 향해 창의적 역할을 제시합니다. 무엇보다 공유와 연합의 가치를 구현하며, 장례문화에 대한 신학적 통찰을 제공합니다. 동시에 현대사회에 필요한 가이드를 제시할 수 있는 공적 담론을 추구합니다. 그리고 고령화 사회와 1인 가구 증가로 인해 변화하는 장례문화 속에서, 교회와 지역사회가 함께 나눌 수 있는 모델을 보여줍니다. 이는 국가의 장사시설 수급 계획과도 연계되어, 죽음에 대한 인식을 긍정적으로 변화시키는 역할도 합니다.

에덴낙원은 개별 교회가 토지를 매입해 운영하던 전통적인 방식에서 벗어나, 여러 교회가 함께 사용하는 공동 장지의 개념을 구현했습니다. 어느 교회든지 회원교회로 가입하면 에덴낙원을 자신의 교회 장지로 이용할 수 있어, 장지 마련에 어려움을 겪는 많은 교회에 실질적인 대안이 됩니다. 에덴낙원은 공유의 개념을 바탕으로 어느 교회나 함께 할 수 있습니다. 회원교회 가입 신청서를 작성하면 교단 연합으로 구성된 운영이사회의 결의에 따라 회원교회로 인정되며, 별도 교회 예산의 부담 없이 에덴낙원을 이용할 수 있습니다.

이러한 시스템은 단일 교회의 사유화된 공간 개념을 넘어, 복음적 공공성을 회복하는 데 기여합니다. 에덴낙원은 부활을 소망하는 종말론적 신앙 공동체를 이루어 복음과 교회의 회복을 위한 사역을 감당하려는 목적을 가지고 있습니다. 장묘문화에 대한 기독교적 대안을 모색하는 자리일 뿐 아니라, 함께 공유하며 누리는 공간을 통해 신앙공동체의 연합을 경험하게 합니다. 에덴낙원은 누구에게나 일상에서 자연스럽게 죽음을 경험하고, 그 가운데 삶의 원동력을 제공해 줄 수 있는 공간으로 설계되었습니다. 한동대 커뮤니케이션학부 강두필 교수는 파리 시민들이 자주 찾아가는 유명한 공동묘지들(페르 라셰즈, 몽빠르나스, 몽마르뜨)은 가족들의 나들이와 산책 장소로 기능하며, 유명 인사들이 묻힌 공동묘지로 무덤이 무서운 곳이라는 고정관념을 깨는 것처럼, 에덴낙원에서도 비슷한 경험을 했다고 말합니다.

에덴낙원은 삶과 죽음이 동시적으로 공존하는 복합 공간입니다. 장묘시설이 자연스럽게 정원, 호텔, 레스토랑과 공존하는 공간 구조로 통합되어 있습니다. 죽음을 외면하거나 피하지 않고 마주하며 해석할 수 있는 환경을 제공합니다. 살아 있는 사람과 고인이 함께 머무는 장소로서, 세대를 아우르는 기억과 관계가 유지되는 공간입니다. 다양한 사람들이 찾아와 쉼과 교제를 나누며 삶과 죽음의 의미를 새롭게 인식하는 공유의 공간으로 역할을 합니다.

이와 같은 장례에 대한 혁신적인 패러다임은 국제적으로도 주목을 받았습니다. 에덴낙원이 죽음의 가치를 새롭게 평가해 공유의 공간으로 제시한 것과 관련해, <2020 휴먼시티 디자인 어워드>(Human City Design Award)에서 정서적 유대 속에서 이별과 추모의 시간을 보내며 기존 봉안당의 부정적인 이미지를 개선했다는 평가를 받았습니다. 이 상은 사람과 사회, 환경의 조화로운 관계를 지향하는 지속가능한 일상을 위한 글로벌 디자인 어워드로, 에덴낙원을 살아 있는 사람과 죽은 사람을 함께 생각하는 지속 가능한 도시 공간의 모델로 선정했습니다. 심사위원들은 "살아있는 우리를 위한 공간, 가족이 모셔져 있든 그렇지 않든 누구나 찾아와 추억을 되돌아볼 수 있는 장소로 재건축된 아름다운 납골당 프로젝트"라고 평가했습니다. 정원, 호텔, 레스토랑 등 생활공간과 봉안당이 공존하면서 만들어내는 공간의 통합적 가치를 높이 평가한 것입니다.

에덴낙원은 장례를 치르는 공간을 넘어, 신앙과 공동체의 회복을 위해 열린 공유의 장입니다. 한국교회와 지역사회에 복음의 빛을 밝히는 장소로 자리 잡아가고 있습니다. '단절'에서 '나눔'으로 나아가는 죽음을 넘는 신앙생활의 다섯 번째 걸음을 구현하는 성경적이고 실질적인 사례라고 할 수 있습니다.

묵상과 나눔을 위하여

1. 죽음을 개인적인 사건으로 끝맺는 것이 아니라, 복음의 증언으로 확장하려면 어떤 신앙적 나눔이 필요할지 이야기해봅시다.

2. 에덴낙원이 여러 교회가 함께 사용하는 '공유 장지'로서 갖는 신앙적 의미는 무엇일까요? 교회들이 함께 공간을 나누고 사용하는 것이 가져올 수 있는 유익과 도전에 대해 나눠봅시다.

나가는 말

지금 여기, 천국의 신비

　에덴낙원 시설 전체에서 가장 핵심인 공간인 부활교회로 들어서면 자연스럽게 예수 그리스도를 만나게 됩니다. 주차장으로 진입할 때부터 보이는 입구의 십자가 조형물은 우리의 죄를 대신해 죽으신 예수님을 떠올리게 합니다. 그 앞에 설치된 우리를 위해 중보기도하시는 예수님의 손 조각상은 지금도 하나님의 자녀를 위해 중보하시는 예수님을 생각나게 합니다. 이어서 부활교회 안으로 들어서며 마주하는 "나는 부활이요 생명이다"(요 11:25)라는 말씀은 이곳을 찾은 이들에게 고인을 추모하는 가운데서도 생명의 소망이신 예수님을 바라보게 합니다.

교회당에 앉아 정면의 십자가와 우측 유리창 너머로 보이는 겟세마네 동산에서 기도하시는 예수님의 조각상을 주목하다보면 예수 그리스도의 제자로서 본받고 따라야 할 예수님의 삶과 죽음, 사랑과 순종을 깊이 묵상하게 됩니다. 그것은 세상을 떠나 아버지께로 돌아갈 때가 이른 줄 아시고 자기 사람들을 끝까지 사랑하신 예수님의 모습을 상기시킵니다(요 13:1). 또한 새벽 미명에 기도하러 산에 올라가 제자들과 무리를 위해 감사하며 기도하신 예수님의 모습과 시험에 들지 않게 깨어 기도하라고 하신 말씀도 떠올리게 합니다(마 26:36-46, 요 17).

이처럼 에덴낙원의 모든 공간과 동선은 그리스도인의 삶과 죽음을 예수 그리스도께서 이루신 하나님의 나라와 복음의 증언에 초점을 맞추게 합니다. 교회를 세우시고 교회의 머리가 되신 예수 그리스도, 항상 함께 하시겠다고 약속하신 예수 그리스도를 기억하게 합니다. 그리고 예수 그리스도 안에서 구별된 그리스도인의 삶과 죽음을 생각하며 성숙한 신앙의 지표인 예수님을 중심으로 삶을 돌아보게 합니다. 에덴낙원은 단순히 장례를 치르기 위한 장소만이 아니라, 삶과 죽음, 현재와 미래, 슬픔과 소망이 만나는 복음의 공간으로 설계되어 천국 소망의 현재화가 이루어지는 신앙을 실천하는 현장입니다.

지금까지 함께 걸어온 "죽음을 넘는 신앙의 다섯 걸음"—'혼합'에서 '구별'로, '두려움'에서 '영성'으로, '분리'에서 '통합'으로, '외면'에서 '교제'로, '단절'에서 '나눔'으로—은 모두 이 공간에서 완성됩니다. 에덴낙원은 신앙의 여정이 실제로 구현되는 생생한 현장입니다. 이곳에서 세상과 구별된 그리스도인의 정체성을 확인하고, 죽음의 두려움을 넘어선 참된 영성을 경험합니다. 또한 삶과 죽음을 통합적으로 바라보며, 세대를 잇는 신앙 공동체의 깊은 교제를 체험하고, 이 모든 은혜를 세상과 나누는 복음의 통로가 됩니다.

그리스도인의 정체성은 거듭남에 있고, 그 거듭남은 죽음을 천국으로 향하는 새로운 출발로서 바라보게 합니다. 그렇기에 가장 어두운 현실로 여겨지는 죽음의 공간도 복음 안에서 소망이 넘치는 빛의 공간으로 변화되어야 합니다. 그리스도인에게 있어 죽음은 세상 사람들이 생각하는 죽음과 구별됩니다. 그래서 모든 세대가 함께 신앙에 대해 이야기하며 가정의 회복을 경험하고, 성도의 교제가 깊어지는 성경적 죽음에 대한 이해와 예식이 자리 잡아야 합니다. 성도의 공동체인 교회는 임종과 장례에서 성경적이고 복음적인 문화를 정립하고, 믿음의 유산을 전하며, 믿지 않는 이들에게는 천국 소망을 증언해야 할 사명이 있습니다.

에덴낙원에서 그리스도인은 "새 하늘과 새 땅"(계 21:1)의 소망을 품고, 오늘 이곳에서 이미 시작된 하나님 나라를 경험합니다. 이것은 죽음을 넘는 신앙의 다섯 걸음으로 하나님 나라를 향한 여정이며, 에덴낙원은 그 여정의 이정표요, 쉼과 회복의 장소입니다. 여기서 이미 시작되었으나 아직 완성되지 않은 하나님 나라를 바라보며, 매일의 삶에서 하나님 나라의 가치를 실천하는 신실한 제자의 삶을 살아가게 됩니다. 에덴낙원이 안내하는 성숙한 신앙의 열쇠는 바로 오늘, 이곳에서 누리는 하나님 나라입니다.

주

1. '에덴낙원 메모리얼 리조트'에 관한 자세한 내용은 홈페이지 http://www.edenparadise.co.kr와 블로그 blog.naver. com/edenparadise9191을 참고하기 바랍니다.

2. Arnold van Gennep, *통과의례 (The rites of passage)*, 전경수 역 (서울: 을유문화사, 2000), 40-42.

3. William Willimon, *예배가 목회다 (Worship as Pastoral Care)*, 박성환, 최승근 역 (성남: 새세대, 2017), 127.

4. Thomas Long, *기독교 장례: 찬송하며 동행하라 (The Christian Funeral-Accompany Them with Singing)*, 황빈 역 (서울: 기독교문서선교회, 2017), 231-238.

5. William Willimon, *예배가 목회다*, 145-146.

6. Thomas Long, *기독교 장례: 찬송하며 동행하라*, 14-15.

7. Jeremy Begbie, "종말의 의미 (The Sense of an Ending)," Dallas Willard ed., *세상이 묻고 진리가 답하다 (Place for Truth)*, 최효은 역 (서울: IVP, 2011), 271-276.

8. Todd Billings, *죽음이 삶에게 (The End of the Christian Life)*, 홍종락 역 (서울: 두란노, 2023), 18. 구약학자인 토드 빌링스는 서른아홉의 나이에 다발성골수종 진단을 받는데, 인간이 죽을 수밖에 없는 존재임을 받아들이는 과정에서 삶이란 세상에서 예수님의 제자로 살아가고 복음을 증언하도록 하나님이 주신 수단임을 깨달았다고 설명합니다.

9. Reinhold Niebuhr, *인간의 본성과 운명 II (The Nature and Destiny of Man)*, 오희천 역 (서울: 종문화사, 2015), 401-402.

10. Thomas Long, *기독교 장례: 찬송하며 동행하라*, 162-163, 312-368.

11. 서경덕, 김용승, "화장시설의 상징 표현 특성과 적용에 관한 연구," *대한건축학회논문집* 제29권 4호(2013), 53-54.

12. 미국 포레스트 론 메모리얼 파크(Forest Lawn Memorial Parks, http://forestlawn.com)는 설립자 허버트 이튼(Hubert Eaton) 박사에 의해 조성되었는데, 그는 대부분의 묘지가 흉한 돌무더기와 우울한 문화의 상징이 되어버린 것을 안타깝게 생각했습니다. 그래서 묘지가 '하나님의 정원'이 되기를 소망했고, 햇빛이 어둠과 같지 않고, 영원한 생명은 죽음과 같지 않듯이 구원에 대한 확고한 믿음을 줄 수 있는 기독교 신앙을 반영한 새로운 공간을 구상했습니다. 그는 오랜 전통으로 내려온 수직 묘석을 배제하고, 판 모양의 평면 위패로 바꾸었습니다. 또한 흉한 기념물이나 죽음의 징후가 없는 큰 공원 특히 우뚝 솟은 나무, 잘 다듬어진 잔디밭, 생동하는 분수, 아름다운 조각상 그리고 기념 건축물과 예배당으로 구성된 공간을 만들었습니다. 그는 젊은 연인이 미래에 대한 계획을 세우고, 오래된 연인은 과거를 즐겁게 회상하며 산책하고, 교사들과 아이들이 그림을 그리고 예술을 경험하는 장소, 하나님과 깊은 친교를 몸으로 경험할 수 있는 그런 곳을 만들고 싶었습니다. 신앙 안에서 죽은 자는 물론이고 추모객들이 함께 휴식할 수 있는 밝은 공간을 만들었고, 그곳은 지역 주민들의 사랑받는 관광 명소가 되었습니다.

13. Allan Hugh Cole, *굿모닝 (Good Mourning)*, 윤득형 역 (서울: 신앙과지성사, 2017), 149.

14. 문시영, *죽음의 두려움을 이기는 세븐 게이트* (서울: 북코리아, 2019), 61-98.

15. Rodney Stark, *기독교의 발흥 (The Rise of Christianity)*, 손현선 역 (서울: 좋은 씨앗, 2016), 115-147.

16. 문시영, 이정선, "죽음준비교육의 내러티브적 접근-하우어워스를 응용하여," *장신논단* Vol.55 No.3 (2023), 146-147.